数字经济高素质人才培养教材 / 职业教育"1+X"课程创新教材

电商创业之微网店开设

START E-BUSINESS: SETTING UP
MICRO-ONLINE STORES

主　编　赵菲菲

副主编　楼凤珍

ZHEJIANG UNIVERSITY PRESS
浙江大学出版社

图书在版编目(CIP)数据

电商创业之微网店开设 / 赵菲菲主编. —杭州：
浙江大学出版社,2021.2
ISBN 978-7-308-21031-7

Ⅰ.①电… Ⅱ.①赵… Ⅲ.①网店—经营管理 Ⅳ.
①F713.365.2

中国版本图书馆 CIP 数据核字(2021)第 006428 号

电商创业之微网店开设

主　编　赵菲菲

策划编辑	阮海潮(1020497465@qq.com)
责任编辑	阮海潮
责任校对	王元新
封面设计	杭州林智广告有限公司
出版发行	浙江大学出版社
	（杭州市天目山路 148 号　邮政编码 310007）
	（网址:http://www.zjupress.com）
排　　版	浙江时代出版服务有限公司
印　　刷	绍兴市越生彩印有限公司
开　　本	787mm×1092mm　1/16
印　　张	12
字　　数	300 千
版 印 次	2021 年 2 月第 1 版　2021 年 2 月第 1 次印刷
书　　号	ISBN 978-7-308-21031-7
定　　价	49.00 元

前　言

　　2015 年 6 月 16 日国务院发布了《关于大力推进大众创业万众创新若干政策措施的意见》(国发〔2015〕32 号文件)，明确指出推进大众创业、万众创新，是培育和催生经济社会发展新动力的必然选择，是扩大就业、实现富民之道的根本举措，是激发全社会创新潜能和创业活力的有效途径，目前我国大众创业万众创新事业蓬勃发展，越来越多的人走上了创新创业的道路，其中通过移动互联网创业成为大部分创业者的主要途径。

　　在整个移动网购市场电商巨头仍然占据大部分的市场份额，如阿里系的淘宝、天猫，在移动电商领域虽占有绝对的竞争优势，但随着旅游、生鲜等垂直电商领域的火热，仍有大量初创企业涌现。初创企业在新兴领域和新模式探索方面仍有一定的发展机会，如微店、移动淘宝网等，其中微网店借助它灵活的营销方法以及较低的运营成本成为个人和团体的创业首选。

　　本书全面、系统地为读者讲解微网店创业的内涵和实际操作。本书共分为九个项目，按学习理解流程的线性发展由浅入深，旨在培养读者统筹设计微网店创业战略的视野和能力。本书从多角度详细地介绍了微网店创业的相关知识，内容包括电商创业之移动端平台选择、电商创业法律法规、货源寻找、商品拍摄与美化、网店开设、营销推广、网店运营、网店日常管理、综合实训。本书遵循学生的认知规律，以行动导向的教学模式为主导，每个项目都采用"情景设置、案例导学、任务驱动、步骤分解、知识链接、实训巩固"的教学设计模式。针对关键知识与技能点，设置"知识速递"栏目，加深对微网店创业的认识与了解，从而取得移动创业的成功。

　　本书为义乌市城镇职业技术学校与义乌工商职业技术学院中高职贯通人才培养探索成果。由浙江省义乌市城镇职业技术学校赵菲菲担任主编，并承担了编写大纲的制定、统稿、校对和项目九的编写，楼凤珍任副主编，并编写项目八。参与编写的还有金俊标（项目一）、朱海燕（项目二）、叶秀进（项目三任务一）、韩丽英（项目三任务二）、方凯（项目四）、刘扬青（项目五任务一）、甄静波（项目五任务二）、毛晶晶（项目六任务一）、龚康波（项目六任务二）、季莉莉（项目七任务一）、陈志庆（项目七任务二）。在本书编写过程中，浙江省特级教师、正高级教师成佳梁给予了悉心指导，成老师也参与了统稿工作并给予了大量建设性意见，北京博导前程信息技术股份有限公司也给予了大力支持和帮助，同时本书参考引用了一些网站和纸质媒体发布的最新信息和数据，在此一并致以诚挚的感谢。

　　本书是初次将微网店创业相关知识整理出来，加之编写时间仓促，水平有限，书中难免有不足之处，敬请各位专家、广大读者批评指正，联系邮箱:86316636@qq.com。

赵菲菲

目　录

项目一　电商创业之移动端平台选择

随着网络技术的发展及网络用户的增加,电子商务已经成为人们日常生活的一部分。同时,随着国家关于"创新创业"的各项支持政策的实施,电商创业成为越来越多人的选择。通过本项目的学习和实践,力求使读者在"认知—了解—领悟"的过程中,更加深刻地理解网店创业的优势,明确市场上常见电商平台的类型及其差异、特色,从而为选择合适的电商创业平台奠定良好的基础。

学习目标

知识目标

1. 了解电商创业的优势;

2. 认识常见的电商平台,并进行区分。

能力目标

1. 掌握分析不同类型电商平台的方法与步骤;

2. 能够根据自身需求选择合适的电商创业平台。

情感目标

通过对不同电商平台优势的把握,增长自身见识,树立创业的自信心。

项目情景

小吴是某校电子商务专业的学生,毕业在即,他没有像其他同学一样急于找工作,而是回到家乡义乌,准备开创自己的电商事业。小吴家乡的红糖与糖品小吃非常出名,近些年线下销售不断受到线上渠道的冲击,其中2019年义乌红糖麻花在淘宝上卖出了272万件。鉴于此种情况,小吴计划将红糖作为主攻产品,选择合适的电商平台进行创业。

任务分解

任务一 认识电商创业优势

以阿里系为首的传统电商占据着市场的第一方阵,而移动电商也不甘示弱,近几年发展迅速。小吴作为一名电子商务专业的毕业生,同时也是一名创业者,针对淘宝网与微网店这两大代表性平台,从多方面做出对比分析。具体步骤如下:

步骤一:了解平台入驻费用

小吴主要从入驻费用和流量两个方面对淘宝和微网店进行对比。首先关于入驻费用方面,小吴从淘宝网的规则中心(网址:https://rule.taobao.com)了解到,淘宝网集市开店为免费,但为保障消费者利益,开店成功后部分类目需缴纳一定额度的消费者保障服务金,对于自己想要创业的原生态农产品,必须缴纳 1000 元保证金,见表 1-1。同时根据《中华人民共和国食品安全法》的要求以及淘宝网食品经营规范,小吴若要经营食品类的网店,必须提交相关的资质证明材料,如企业营业执照副本复印件、企业税务登记证复印件、食品流通许可证等,并通过淘宝网审核备案后才可正常发布产品。

表 1-1 淘宝平台部分类目及保证金金额

类 目	保证金/元
电动车/配件/交通工具≫电动车整车≫老年代步车	50000
电动车/配件/交通工具≫电动车整车≫电动四轮车	50000
大家电≫厨房大电	20000
大家电≫空调	20000
大家电≫平板电视	20000
手机	10000
平板电脑/MID	1000/50000
装修服务	30000
农业生产资料(农村淘宝专用)	10000
宠物/宠物食品及用品≫狗狗	6000
宠物/宠物食品及用品≫猫咪	6000
珠宝/钻石/翡翠/黄金≫翡翠(新)、和田玉、天然琥珀(新)、彩色宝石/贵重宝石、黄金首饰(新)、铂金/PT(新)、K 金首饰、天然珍珠(新)、专柜 Swarovski 水晶(新)、其他天然玉石	5000
住宅家具	5000
个性定制/设计服务/DIY≫设计服务	2000
个性定制/设计服务/DIY≫其他定制	2000
度假线路/签证送关/旅游服务	1000
景点门票/实景演出/主题乐园	1000
特价酒店/特色客栈/公寓旅馆	1000
手机号码/套餐/增值业务	1000

这里需要注意的是,如果只出售国内生产的且未经加工的初级农产品,如苹果、新鲜蔬菜等,不需要提交食品资质备案。

✏️ 知识速递

消费者保障服务

消费者保障服务是指淘宝网接受用户申请后,针对其通过淘宝网这一电子商务平台同其他淘宝用户达成交易并经支付宝服务出售的商品,根据协议及淘宝网其他公示规则的规定,按用户选择参加的消费者保障服务项目,向用户提供相应的售后服务。

对于微网店,小吴先比较常见的微店,从微店(https://www.weidian.com/)中查到保证金可自愿选择,最低 1000 元,并且也没有食品资质方面的要求。小吴根据入驻淘宝与微店的费用对比(表 1-2),发现仅从入驻费用方面而言,微网店的优势显而易见,费用低、入门易,且规则简单。

表 1-2　传统淘宝入驻费用与微店入驻费用对比

淘宝		微店	
类目	费用/元	类目	费用/元
零食、坚果、特产	1000	食品	1000
美容护肤、美体、精油	1000	化妆品	1000
手机	10000	手机	1000
宠物食品及用品	6000	宠物食品及用品	1000
平板电脑	50000	平板电脑	1000
个性定制、设计服务	2000	个性定制、设计服务	1000

步骤二:了解平台流量情况

在了解了两者的入驻费用后,小吴下一步需要对淘宝网和微店两者的流量进行对比。不管是传统电商还是现今发展趋势迅猛的移动电商,流量是任何电商网站都避不开的现实问题。对于电子商务而言,流量意味着销售额、利润等,可以说流量是一切电子商务创业人员是否能成功创业的关键。

小吴通过权威数据统计网站 Alexa(www.alexa.cn)查询到淘宝网 2019 年 1 月 9 日流量数据,如图 1-1 所示,可以看到淘宝网日均独立访客(UV)达到约 1.7 亿人次,由此可见淘宝网流量非常大,同时对应的淘宝卖家数量也十分庞大,对于第一次创业的小吴来说,竞争压力不言而喻。而对于微店,与淘宝网最大的不同之处是微店是个开放的平台,相比淘宝的闭环占据有利地位。微店的卖家更多是通过自身渠道、人脉和影响力等进行移动端流量的获取,更能直接地利用人们的碎片化时间,并且能够与用户进行深入沟通,也更容易建立和维护品牌形象。

通过深入了解,小吴总结出微网店创业优势集中体现在以下五点:

一、开店成本低

传统电商开店保证金需要数千元甚至上万元，年服务费亦是如此。目前，移动端微网店的入驻费用远远低于传统电商。

二、商业模式独特

微网店独特的商业模式，引发了大批网民的参与。微网店的爆发式增长得益于其独特的商业模式。微网店把传统电商从烦琐的网络推广中解放出来，开店者也省去了找货源之苦，是互联网分工进一步细化的体现。

三、功能集成一体化

微网店集社交、支付、电商等功能于一身，对于卖家而言沟通、营销推广、达成交易更加便捷。

四、运营高效化、推广及时化、内容精细化

微网店在购物信息推送中用户触达率较高，卖家可以通过微信等社交工具随时向用户推送定向信息，并对用户接收信息实时跟踪，精确分析、识别、挖掘，从而帮助卖家深度培养用户购物行为和精准服务用户，实现构建客户关系管理(CRM)的便捷化、高效化的目的。

五、数据统计尽在掌握

微网店提供详细的粉丝数据和网店流量数据，让卖家能以数据的方式观察自己网店的生意情况，发现网店的真正潜力或者网店存在的问题，需要做哪些方面的优化等。

网站 taobao.com 的网站排名

当日排名	
全球排名 8	估算日均UV 171520000
变化趋势 ↓1	估算日均PV 692940000

周平均排名	
全球排名 7	估算日均UV 175040000
变化趋势 ↑1	估算日均PV 700160000

月平均排名	
全球排名 7	估算日均UV 174464000
变化趋势 0	估算日均PV 708323000

三月平均排名	
全球排名 7	估算日均UV 180896000
变化趋势 ↑1	估算日均PV 736246000

图1-1　淘宝网流量数据参考值

任务二　熟知常见电商平台

在明确了微网店创业优势之后，小吴接下来就要选择合适的微网店平台来搭建自己的网店，但市场上有很多不同类型的微网店平台，这些平台都有各自的特点，哪些比较适合自己想要创业的产品？小吴决定从目前国内市场上使用较为广泛且用户占比均较高的三大微网店平台——微店、有赞及萌店着手，分别从功能和业务特点两方面进行分析。具体步骤如下：

步骤一:微网店平台认知

一、第三方微网店特点及功能认知

(一)微店

微店是北京口袋时尚科技有限公司开发的一款帮助卖家在手机上开店的软件，如图1-2

所示。微店操作简单,只要有一部手机,就可通过手机号开通自己的微网店,还可以通过一键分享宣传微网店,并促进成交。微店最大的优势是不向用户收取任何费用,因此非常适合资金有限的小卖家。

目前,微店的经营范围包括商超百货、服饰鞋包、母婴食品、家用电器、数码产品、图书、化妆品、汽车及其配件等多个类目。

1. 微店的特点

(1)零手续费。开店过程完全免费,而且所有交易都是免手续费的。

(2)账期短。微店每天会自动将前一天的货款全部提现至卖家的银行卡,一般1~2个工作日到账,非常方便。

2. 微店的功能

(1)商品管理。卖家可以轻松添加商品、编辑商品,并能通过一键分享等功能将微店分享到微信朋友圈、微博、QQ空间等社交平台,如图1-3所示。

(2)微信收款。可以通过微信向用户发起收款消息,达成交易。

(3)订单管理。新订单有免费短信通知,通过扫描条形码输入快递单号,就可以快速有效地管理订单。

(4)销售管理。可以查看销售数据,包括每日订单统计、每日成交额统计、每日访客统计等,如图1-4所示。

图 1-2 微店登录、注册页面

图 1-3 微店的商品管理功能

(5)用户管理。可以查看用户的收货信息、历史购买数据等信息，有助于分析用户的喜好，从而展开针对性的营销，如图 1-5 所示。

图 1-4　微店的销售管理功能

图 1-5　微店的用户管理功能

(6)我的收入。可以查看每一笔交易的收入和提现记录，对账目做到心中有数。

此外，微店还有设置私密优惠活动，吸引用户，让商品的价格更加灵活；还提供货到付款交易等其他多种功能。

(二)有赞

1.概述

有赞是一家移动零售服务商，主要为企业和个人提供移动电商产品服务方案。公司于 2012 年成立至今，已经连续发布了"有赞微商城""有赞供货商""有赞微小店"等多个产品，如图 1-6、图 1-7 所示。

2.有赞的特点

(1)帮助企业建立自己的移动零售商城。主要面向线下实体门店和线上传统电商，通过自建商城，为他们提供用户粉丝经营、在线互动营销、线上线下打通、商品销售等服务。

(2)多渠道商城。可以绑定微信公众号、支付宝等，实现门店线上互联互通。

(3)商品管理。可以批量导入京东、淘宝等平台的商品，对接所有主流的企业资源计划（ERP）。

(4)订单管理。全面管理普通、代付、分销、拼团、到店自提等 10 类订单，快速导出发货。

(5)用户管理。通过会员卡、标签、积分、储值卡，提升老用户存留，提高单客经济。

此外，还有实时代付、多级分销、优惠券码、显示折扣等上百种营销组合玩法。

图 1-6　有赞微小店登录页面

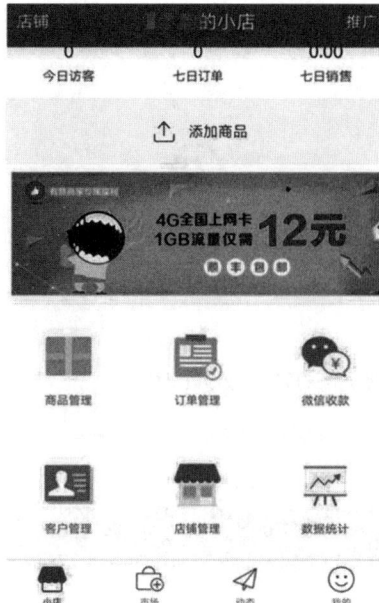

图 1-7　有赞微小店首页

知识速递

单客经济

单客经济是利用移动互联网,与消费者建立起直接、高频的互动,从而促进消费者重复购买(提高复购率),最大限度地发挥客户的终身价值。

3.有赞的功能

(1)多人拼团。基于多人组团形式,鼓励用户发起与朋友的拼团,以折扣价购买商品,同时带来更广的传播效果。

(2)积分商城。粉丝通过在店铺内消费获得积分,并且可以利用积分兑换特定商品。

(3)销售员。可以帮助商家拓宽渠道。商家通过定制推广计划招募卖家加入推广队伍,并在其成功推广后给予一定奖励,以此扩大传播,提升整体销量。

(4)秒杀。秒杀是有赞微商城推出的一款营销方案。卖家可以针对某款商品,在特定时间内以超低的价格售卖,以此拉动人气,从而带动网店的销售业绩。

除此之外,有赞还有很多其他功能,如促销工具、互动营销、互动游戏、店铺拓展等。

(三)萌店

1.概述

萌店是上海微盟企业发展有限公司于 2015 年开发的一款应用,如图 1-8、图 1-9 所示。萌店一直坚持"人人开店、人人传播、人人分销"的经营理念,自 2015 年 3 月上线以来飞速发展,同年 7 月萌店已经成立国际电商事业部,开始涉足跨境电商,销售商品涵盖了日韩、欧美等 30 多个国家的潮货。

2.主要功能

(1)开店赚钱。开店零门槛,轻松赚钱,并且支持全渠道推广。

图 1-8　萌店用户登录页面

图 1-9　萌店页面

（2）轻松管理。随时随地管理店铺,不会轻易错过任何一个用户、任何一单生意。

（3）即时通信。卖家意见咨询,货源随时沟通,让买卖双方沟通无限。

（4）分销管理。自有货源可设立分销佣金,方便邀请好友加入分销,真正互惠互利。

（5）数据统计。精准的数据统计,方便用户随时查看数据,掌握萌店状况。

（6）个性化装修。域名个性化设计、装修个性化,方便打造独一无二的店铺。

二、分析自建微网店平台

小吴了解了微店、有赞和萌店这些第三方微网店的平台功能和特点后,进一步分析自建微网店平台,并明确其优势。

（一）功能更加灵活

自建平台的功能比第三方平台更加灵活,可以根据个人的需求有针对性地开发。

（二）无佣金负担

自建平台没有佣金负担。很多第三方平台在收取平台使用费的同时需要对每笔订单进行佣金分成。

（三）更易打造品牌形象

自建平台可以根据企业经营理念、产品等进行多样化设计,有利于企业文化的表达与形象打造。

步骤二:确定电商创业平台

小吴将第三方微网店平台和自建微网店平台进行对比后发现,一般的中小企业并不具备自建平台的能力,因为初期自建平台需要投入大量的建设资金和时间成本,需要投资购买服务器、域名、软件等基础设施,还需专门的技术人员定期更新维护以及运营,并且在整个平台运营期间,所有的流量只能靠公司自行推广去获取,因此推广成本高、难度较大。小吴思考目前是否有能够综合这两者优势的平台,既具备无需佣金,又功能灵活、可按需求定制等优势的平台。在网上搜索的同时,小吴与一批创业成功的朋友沟通,了解到某公司的微网店创业平台能够满足自己的这些要求,如图 1-10 所示。

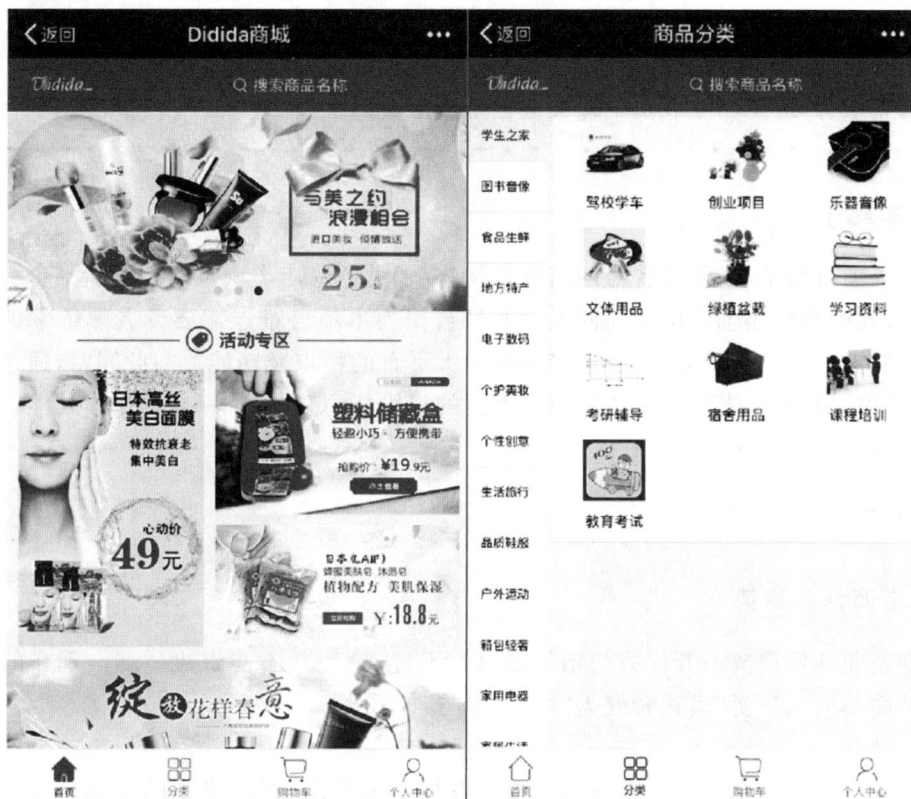

图 1-10 某公司网上创业平台

小吴首先在其微信公众号里初步认识了产品功能、成功案例等相关信息,也联系了客服人员进行具体、详细的了解,并实际试用了该软件的一小部分功能,得出该公司网上创业平台的如下主要特点:

一、无需佣金和技术服务费

该公司的微网店创业平台不同于第三方平台的收费规则,无需缴纳佣金或每笔的抽成,也不同于自建平台,无需后期技术维护、升级等的服务费用。

二、移动端和 PC 端协同操作

该公司的微网店创业平台支持移动端和 PC 端协同操作,移动端 APP 更方便小吴可以随时随地进行微网店的管理和运营。

三、与微信完美对接

该公司的微网店创业平台与微信完美对接、融合,方便微信营销,突出社交化营销的价值。

四、功能灵活

该公司的微网店创业平台同样满足自建平台功能灵活化的特点,可按照实际需求定制特色功能,且不同于自建平台需要额外的技术开发等费用。

小吴最终确定使用该公司的微网店平台进行创业。

在创业前期综合对比分析市场上的主要平台特点,结合自己的实际情况和需求,筛选出合适的创业平台,这是创业成功中最关键也是最重要的一步。

【项目总结】

通过本项目的学习,使读者对网店创业优势、常见微网店类型及网上创业平台有一个基础的认识,其中微网店创业优势与网上创业平台作为本项目难点需要读者熟练掌握。常见微网店类型为本项目的重点,需要读者了解三大平台的特点及功能。与此同时,通过本项目的学习,还可以培养读者后续创业运营中需要的思维能力,并掌握一定的基本技能。

【相关知识】

一、电商创业趋势

电商企业的发展离不开优秀的销售策略。不过,销售并不能解决一切。现在的电商企业正在从简单的"买-卖"模式转变为"用户-参与"模式。

1. 移动化

智能手机和平板电脑将在互联网市场中发挥更大作用,移动终端已经不是什么新鲜事物了,响应式网页设计对于一家电商企业来说已经不可或缺。

2. 提供无缝的用户体验

现在的用户对于完美购物体验的需求甚至高于对更优秀产品的需求。如何提供无缝的用户体验?除了流畅的页面加载速度以及良好的导航功能外,还可从以下两方面入手:①研究用户心理。广告对于顾客的吸引力大不如前了,现在顾客对产品评论更感兴趣,他们宁愿从产品评论中获取更多产品信息。②大数据的应用。运用大数据可事先知道用户的哪些行为会影响他们的购买决策。

3. 社交媒体越来越重要

鉴于社交媒体已经成为一种强大的网络营销工具,电商企业也需要开通账号并提供相关服务。

4. 从线上到线下

在一些线上、线下同步经营的店铺,部分用户会在网上购买之前去实体店考察过的相关产品,另有部分用户会在实体店购买之前在网上查看相关信息。为了留住用户,很多实体店零售商采用了新的技术提升用户购物体验,如虚拟现实(AR)、互动展示、移动导航相结合,如图 1-11 所示。

图 1-11　零售店引入 AR 技术

二、微网店运营的基本流程

搭建微网店是为了通过产品的销售获取利润,想要通过微网店获取利润就必须做好微网店的基本运营工作。

1. 找准产品对应的人群

每一类产品都有其独特的消费人群,选对消费人群将对营销工作起到事半功倍的作用。

2. 制定会员体系和价格体系

根据用户在店铺的购买次数、消费金额等制定会员体系,在会员体系下制定一定的优惠政策或者奖励机制。

3. 营销宣传

(1)卖点挖掘:挖掘卖点是宣传产品的第一步。所谓卖点,其实就是一个消费理由,最佳的卖点即为最强有力的消费理由。

(2)文案与视频制作:编写文案,制作视频,用故事、视频吸引用户注意力,进而引导用户关注。

(3)跨平台传播:互联网时代强调全网营销,即可以在微信、微博、QQ 空间、视频直播平台等进行信息传播,扩大信息扩散的途径。

【同步实训】

一、实训目的

本实训项目为移动端平台选择。学生通过本项目的实训,能够选择合适的平台进行电商创业。

二、实训软硬件

1. 连接网络的电脑、智能手机等。
2. 相关实训软件。

三、实训分组

学生分组,并选出各组组长,以小组为单位针对实训背景进行操作。

四、实训背景

义乌红糖远近驰名,而义乌红糖酥饼也小有名气,它的表面比普通小酥饼更有光泽,放入嘴里轻轻一咬,先尝到酥饼的香脆,随之而来的是红糖的香甜,而表面黏着的白芝麻则锦上添花,增加了小酥饼的香味(图 1-12)。红糖和小酥饼都是传统产品,两者一结合,便成了口味十分丰富的可口食品。

图 1-12 义乌红糖酥饼

现在,为了提升产品知名度、提高产品销量,计划借助移动端电商平台进行营销活动,学生以工作人员的身份,参与并完成移动端电商平台的分析与确定工作。

五、实训任务

实训任务一 结合市场现状对经营产品进行 SWOT 分析

SWOT 分析法,即态势分析,就是将与研究对象密切相关的各种主要内部优势、劣势和外部的机会和威胁等,通过调查列举出来,并依照矩阵形式排列。

学生结合市场现状,对义乌红糖酥饼进行 SWOT 分析,从货源选择、特色、目标用户群体等方面进行综合分析,将分析结果填入表 1-3 中。

表 1-3 SWOT 分析

S(优势)	W(劣势)
O(机会)	T(威胁)

实训任务二 网店平台的分析

学生以小组为单位,列举市场上用户流量相对较大的移动端平台,并分析平台优势,填入表 1-4 中,加强对网店平台分析技能的掌握。

表 1-4　平台优势分析

平台	平台优势（从功能、业务特点、流量获取难度等方面分析）

实训任务三　网店平台的确定

学生结合产品分析以及平台分析，确定网店平台，并阐述具体原因，填入表 1-5 中。

表 1-5　平台选定原因

选定平台	选定原因

项目二　电商创业法律法规

　　随着经济与互联网技术的快速发展,我国电商创业的规模不断扩大,为各式各样的产品提供了更便捷的交易平台,同时也为更多人提供了发展机会。在以往电商创业中,由于对产品质量、服务质量等的忽略,假货泛滥、运营不规范、监管不严格等现象频有发生。2018 年 8 月 31 日第十三届全国人民代表大会常务委员会第五次会议通过了《中华人民共和国电子商务法》(以下简称《电子商务法》),从此,让所有的电商从业者有法可依。

学习目标

知识目标

1. 了解《电子商务法》的适用范围、经营者义务与责任;
2. 认识电商创业常见陷阱。

能力目标

1. 能够遵守《电子商务法》并进行创新创业规划;
2. 能够理性分析不同的电商创业模式。

情感目标

通过《电子商务法》的学习,能够通过法律途径维护自我权益不受损害。

项目情景

　　小吴在了解了电商创业的优势之后,经过对常见电商平台的分析,决定在微店开通自己的店铺,销售义乌红糖。小吴了解到我国颁布了《电子商务法》,并从 2019 年 1 月 1 日起正式施行,为避免自己在店铺运营过程中触犯一些电商法规,他决定通过查找资料,认真学习《电子商务法》的具体内容。

任务分解

任务一　了解《中华人民共和国电子商务法》

　　小吴通过新闻了解到,2018 年 8 月 31 日第十三届全国人民代表大会常务委员会第五次会议通过了《中华人民共和国电子商务法》,并于 2019 年 1 月 1 日施行(图 2-1)。

图 2-1　《中华人民共和国电子商务法》公示

该法的出台,为我国电子商务的发展提供制度性保障,无论是在电子商务运营上,还是在电子商务平台纠纷问题上都有法可依。小吴认为在创业之前,需要对该法律进行全面了解。

一、《电子商务法》概述

《电子商务法》是我国第一部电子商务领域的综合性、基础性法律,全文共七章、八十九条。该法立法历时五年,经过四审、三公开,终于在第十三届全国人大常委会第五次会议上表决通过,其涵盖范围极广,针对商家普遍关注的税收问题、舆论反应强烈的大数据杀熟现象、央视《焦点访谈》栏目曝光的刷单内幕、呼声日益高涨的平台安全责任等,都做了明文规定。

1. 立法指导思想

在立法过程中,贯彻落实创新、协调、绿色、开放、共享发展理念,促进电子商务持续健康发展,规范电子商务市场秩序,保障电子商务各方主体特别是消费者的合法权益。

2. 出台背景

中国电子商务持续多年保持着高速发展,大数据、云计算、人工智能等新技术也有力地推动了互联网和实体经济深度融合发展,在调整结构、稳定增长、扩大就业等方面,发挥了重要作用。

2017 年,中国电子商务交易额 2916 万亿元,网络零售额 718 万亿元,其中实物商品网上零售额 548 万亿元,占社会消费品零售总额的比重达到 15%,电子商务交易市场规模居全球第一,电子商务从业人员超过 4000 万人。

市场乱象亟需一部极具权威的法律法规进行规范。

3. 《电子商务法》意义

该法作为我国电商领域首部综合性法律,是电子商务法律法规领域的“宪章”,对我国乃至世界电子商务发展有着重要意义,主要体现在以下几个方面:

(1)从行业层面来看,《电子商务法》对电子商务经营者、电子商务合同的订立与履行、电子商务争议解决、电子商务促进和法律责任这 5 个方面做了规定,让电子商务行业有法可依,是电子商务领域的一部基础性法律。

（2）从电子商务行业与实体经济的关系来看,在"互联网＋"政策的推动下,电子商务的发展加快了工业化和信息化的深度融合,加快了转变经济发展方式,进一步融洽了电子商务行业与实体经济的关系,促进了经济结构转型升级。

（3）从国家层面来看,该法的出台,是国家深化经济体制改革的重要体现,是国家促进电子商务持续健康发展的重要举措。《电子商务法》对当前社会关注的一些问题,包括销售假冒伪劣商品、保护消费者权益,以及线上线下公平竞争等,在法律层面给出了明确的规定。

（4）从国际层面来看,"一带一路"倡议让中国与世界的经济联系更加紧密,而《电子商务法》的颁布,在解决电子商务发展中的深层次矛盾和重大问题的同时,也促进了开放、规范、诚信、安全的全球电子商务发展环境的建立,为实现降本增效、转型升级保驾护航。

二、《电子商务法》的适用范围

1.电子商务的概念

《电子商务法》第一章第二条对电子商务进行了明确规定:

"本法所称电子商务,是指通过互联网等信息网络销售商品或者提供服务的经营活动。

法律、行政法规对销售商品或者提供服务有规定的,适用此规定。金融类产品和服务,利用信息网络提供新闻信息、音视频节目、出版以及文化产品等内容方面的服务,不适用本法。"

小吴通过对《电子商务法》第一章第二条的学习,了解到电子商务的概念应该包含以下三个方面:

（1）互联网等信息网络。这里的互联网信息网络包含了计算机互联网、广播电视网、固定通信网、移动通信网、开放的局域网络、物联网等。

（2）销售商品和提供服务。销售的商品既包含了电脑、服装等有形物品,还包含了电子书、软件代码、话费等无形商品;提供服务既包括纯线上的服务,也包括线上订立服务合同、线下履行合同的服务形式,如外卖点餐、在线打车、预订车票等。

（3）经营活动。这里的经营活动是指以营利为目的的持续性商业活动,如微商、代购、淘宝卖家等。

2.《电子商务法》的效力范围

《电子商务法》第一章第二条规定:"中华人民共和国境内的电子商务活动,适用本法。"

小吴通过学习,了解到这里所说的"境内",不单单是指在我国境内的电子商务经营者,还包括电子商务活动某个环节具有涉及境内因素的境外经营者。

三、《电子商务法》规定的经营者法定义务

《电子商务法》第二章第一条对电子商务经营者也给出了明确定义:

"本法所称电子商务经营者,是指通过互联网等信息网络从事销售商品或者提供服务的经营活动的自然人、法人和非法人组织,包括电子商务平台经营者、平台内经营者以及通过自建网站、其他网络服务销售商品或者提供服务的电子商务经营者。"

小吴在认真学习了《电子商务法》后,了解到该法中对于经营者义务的规定如下:

（1）电子商务经营者（包括自然人和非自然人）应当依法办理市场主体登记并依法纳税,但是个人销售自产农副产品、家庭手工业产品,个人利用自己的技能从事依法无须取得许可的便民劳务活动和零星小额交易活动,以及依照法律、行政法规不需要进行登记的其他情况除外。即代购、微商等销售商品和提供服务的主体,也应当依法办理营业执照并取得相关许可证并依法纳税。

　　案例:2018 年 12 月 15 日,杭州市颁发了第一张淘宝 C 店的营业执照,如图 2-2 所示。《电子商务法》规定,电子商务经营者应当依法办理市场主体登记,并在其首页显著位置,持续公示营业执照信息、与其经营业务有关的行政许可信息。电子商务经营者应当依法办理市场主体登记。电商经营者违反规定,由市场监管部门责令限期改正,可以处 1 万元以下的罚款。电商平台经营者对违反规定的平台内经营者未采取必要措施的,由市场监管部门责令限期改正,可以处 2 万元以上 10 万元以下的罚款。

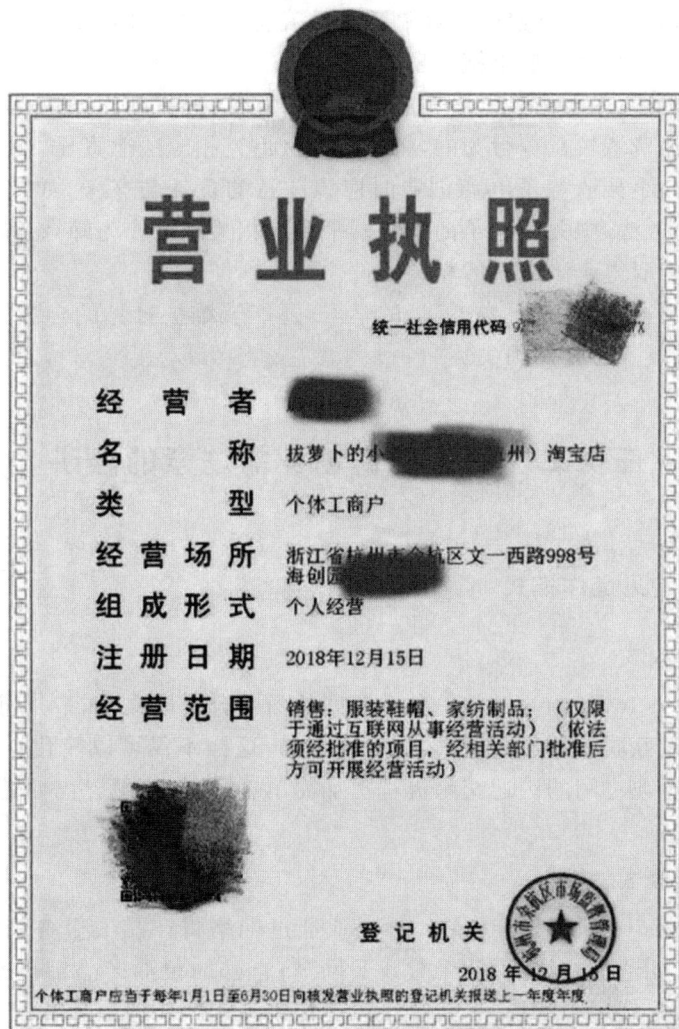

图 2-2　《电子商务法》颁布后的第一张营业执照

　　(2)电子商务经营者应当依法开具发票,保障消费者的知情权、选择权、平等消费权,保护消费者的个人信息安全。

　　(3)电子商务平台经营者需要对申请入驻平台销售商品或者提供服务的经营者进行信

息采集、身份核验并登记档案和定期核验更新,应当依据公开、公平、公正的原则,制定平台服务协议和交易规则,不得提供违法的商品或服务。

四、《电子商务法》规定的经营者法定责任

电子商务经营者在享有权利的同时,还应承担相应的责任。在《电子商务法》第六章中规定了电子商务经营者应承担的法律责任。

(1)行政责任,如某电商平台未在首页显著位置公示营业执照信息、行政许可信息、属于不需要办理市场主体登记情形等信息,将被处1万元以下罚款;电商平台运营者违反规定后并未采取必要措施改正的,将处2万元以上10万元以下罚款。

(2)民事责任,如电子商务经营者在销售商品或者提供服务时,不如约履行合同义务的,或者给他人造成损害的,将依法承担民事责任。

(3)其他法律责任,如电商经营者实施虚假广告宣传、侵犯知识产权、泄露用户个人信息及商业秘密、侵害消费者权益等行为的,将会被依法追究相应法律责任。

通过以上学习,小吴清楚了电商创业时应该注意的责任与义务,如果选择入驻电商平台,可以将《电子商务法》中关于电子商务经营平台的相关规定作为筛选基本准则;如果选择个人开微店,就得先取得合法经营的相关证件。

除此之外,小吴通过对《电子商务法》的学习,还能够维护自身的合法权益,避免因行业内的一些纠纷而造成不必要的损失。

任务二　认识电商创业需注意的陷阱

一、电商创业常见运作模式

(一)B2B 商业模式

B2B 即 Business to Business,是一种企业间的商业合作模式,如某公司与上下游供应商之间资源整合,通过互联网的便利性,实现在线交易,这样不仅可以简化企业内部信息流通的成本,还可以让企业之间的沟通交易流程更加简单、便捷。阿里巴巴便是这种模式的典型代表。

(二)B2C 商业模式

B2C 即 Business to Consumer,是一种企业通过网络将产品或服务销售给个人消费者的模式。如中粮集团通过在线商城"中粮我买网"将自己的粮油产品销售给终端消费者,这样由厂商直接对接终端用户的模式,跳过了以往传统模式的代理商环节,为企业节省了成本的同时,也为消费者带来了实惠(图2-3)。

(三)C2C 商业模式

C2C 即 Consumer to Consumer,是一种消费者与消费者之间的互动交易模式,大家常见的如竞标拍卖网站、二手交易网站闲鱼等,双方在线达成交易后,将商品交给网络平台的物流运送机制完成商品配送。

图 2-3　中粮我买网

(四)O2O 商业模式

O2O 即 Online To Offline,是一种线上筛选、交易,线下提供服务的模式,也有人将这种模式称为商业中的"红娘",如美团、饿了么。

(五)微商模式

微商是一种基于移动互联网的空间,借助社交软件工具,以个人为中心,社交为纽带的新模式,是随着微信的兴起而快速发展的商品交易模式。微商的商品多为美妆、针织、母婴、大健康、农特等。

(六)代购模式

代购,通俗地说,就是用户找人帮忙购买自己需要的商品。由于地域、价格等方面的因素,大多数用户会找人帮忙从中国香港、澳门和台湾地区,甚至从日本、美国、法国、韩国等购买商品。常见的代购商品有药品、奢侈品、化妆品、婴儿奶粉等。

二、电商创业需注意的陷阱

小吴走访了身边的电商创业者,向他们学习电商创业精神,并了解到电商创业中需要注意的一些陷阱,这些陷阱在《电子商务法》颁布后将会被严惩。小吴将自己学习到的内容总结如下:

(一)刷单

刷单,是随着电商购物的发展而产生的一种乱象,店家付款请人假扮用户,通过虚拟购物的形式来提高网店的排名和销量。刷单对于很多网店而言,成为了快速成长的方式之一,随之也衍生出了"刷客"这一职业。这些"刷客"多为家庭主妇和在校大学生,他们在缴纳保证金,并接受培训后正式上岗,每单收入大约在 4～5 元。

案例:2014 年号称"刷单第一人"的葛峰曾轰动一时。在 2016 年"3·15"晚会上曝光了淘宝、大众点评等平台网购刷单内幕,引起很大的社会反响。当时央视315 记者在淘宝上开了一个卖面膜的店铺,只要支付给"刷客"千元佣金,便可在三天内立马升级为蓝钻,拥有200 多条好评。即使店内没有一件真实商品,也可通过网上的"代发空包"服务,将一件件并不真实存在的包裹签收。

关于市场上存在的这一乱象,《电子商务法》在第二章第十七条中做出了明确规定:"电子商务经营者不得以虚构交易、编造用户评价等方式进行虚假或者引人误解的商业宣传,欺骗、误导消费者。"如有违反,则会没收违法所得,最高将被处 50 万元罚款。

（二）搭售

搭售是一种销售技巧,但是我们在日常购物体验中,往往会被迫接受一些默认消费,如买车票、机票默认搭配保险、订酒店默认搭配打车券等。

案例:2017 年,演员韩×的一则微博引起了热议,微博中对某网络票务公司 APP 捆绑销售问题提出了严厉指责,并要求该公司道歉（图 2-4）。

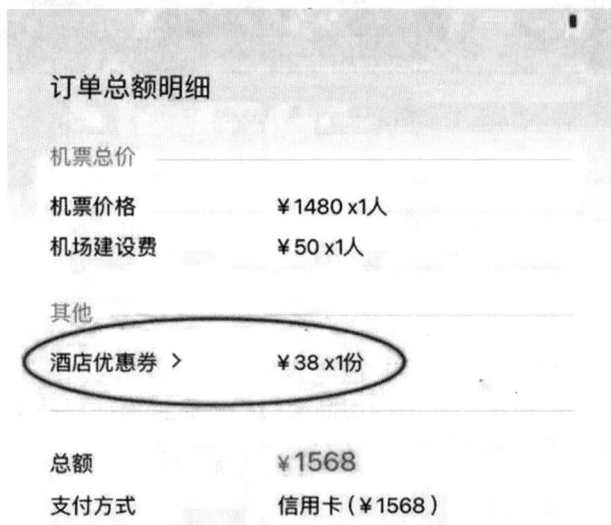

图 2-4　韩×微博曝光某网络票务公司隐性搭售

电子商务行业存在的这种隐性搭售,引起了很多用户的反感,基于此乱象,《电子商务法》第十九条做出了明确规定:"电子商务经营者搭售商品或者服务,应当以显著方式提请消费者注意,不得将搭售商品或者服务作为默认同意的选项。"如有违反则没收违法所得,最高处 50 万元罚款。

（三）删差评

随着电子商务评价体系的完善,用户在收到商品后,可以自由地向卖家发表评论。小吴通过调查了解到,在淘宝、天猫、京东等平台,商家无权自主删除差评,但是目前市场上却存在一些乱象,如商家故意采用骚扰、威胁等不合理的方式强迫用户修改评价。

小吴在百度搜索框中,搜索关键词"删差评",出现了如图 2-5 所示结果。

自从学习了《电子商务法》后,小吴了解到该法第三十九条对此做出了明确规定:"电子商务平台经营者不得删除消费者对其平台内销售的商品或者提供的服务的评价。"这一政策出台,将更加规范电商平台信用评价制度,使得平台经营者竞争更加公平。

（四）押金

自从腾讯公司 CEO 马化腾提出了"共享经济"的概念后,市场上出现了很多共享服务,如共享单车、共享汽车、共享健身房等,这些共享模式,无一不需要押金,在 2018 年"3·15"

图 2-5 百度"删差评"搜索结果

晚会上就曝光了一起共享单车押金问题。

央视指出,酷骑等共享单车企业不但拖欠押金,而且投诉量较高,据公开信息统计,当前已有超 20 家共享单车公司停止运营,导致约 15 亿元的用户押金无法退回。一直处于共享单车上端的小黄车也在 2018 年 11 月出现了退押金危机,上千万用户在排队等待退押金,该公司北京总部门口每天都有成百上千位用户排队退押金(图 2-6)。很多用户担心,如果这些共享单车平台倒闭了,押金是否还能退回。

共享经济是未来发展的一个趋势,但是共享经济下的社会乱象也需要得到规范,为了给市场提供一个更好的发展环境,《电子商务法》第二十一条对于押金问题做出了明确规定:"电子商务经营者按照约定向消费者收取押金的,应当明示押金退还的方式、程序,不得对押金退还设置不合理条件。消费者申请退还押金,符合押金退还条件的,电子商务经营者应当及时退还。"

图 2-6 某公司押金退款申请

(五)物流

小吴决定通过网络销售义乌红糖,物流是其重要一环,他通过走访身边的朋友发现,很多客户会就物流快递问题进行投诉,如果处理不好,将会造成客户的流失。2017 年"3·15"晚会就曝光了一系列快递问题,如包装破损、送货不及时、物品损坏、先签收再验货、空包寄送、随意修改发货地等。小吴通过网上搜集信息及总结自身体验,也发现了身边的很多物流乱象,比如未经用户同意私拆、私用用户产品,物品在配送途中丢失或者掉包等。

这种粗放型的发展,将影响到行业的成长。不过,小吴学习《电子商务法》之后,清楚了如果碰到快递物流问题可通过法律途径进行自我保护。

该法第五十二条就对此做出了明确规定:"电子商务当事人可以约定采用快递物流方式交付商品。快递物流服务提供者为电子商务提供快递物流服务,应当遵守法律、行政法规,并应当符合承诺的服务规范和时限。快递物流服务提供者在交付商品时,应当提示收货人当面查验;交由他人代收的,应当经收货人同意。"这意味着,买家现场拆包验货,将得到法律保护。

(六)用户信息

用户信息往往和网络安全连在一起,之前网络不断曝光用户信息泄露,甚至有些外卖平台明码标价售卖用户个人信息,这些做法严重侵犯了用户的信息安全。

除此之外,电子商务市场还存在一种利用用户信息进行"大数据杀熟"的乱象。"大数据杀熟"一词是新近才火热起来的,有媒体对 2008 名受访者进行过一项调查,在调查中发现,在机票、酒店、电影、电商、旅游等多个价格有波动的网络平台都存在老客户看到的价格反而比新客户要贵出许多的现象,如用苹果手机的用户看到的滴滴出租车报价比用安卓手机的人贵,在线旅游平台中这种现象更为普遍。同时,还存在同一位用户在不同网站的数据被共享的问题,许多人遇到过在一个网站搜索或浏览的内容立刻被另一网站进行广告推荐的情况。

通过调查了解到,59.2%的受访者认为在大数据面前,信息严重不对称,消费者处于弱势;59.1%的受访者希望价格主管部门进一步立法规范互联网企业歧视性定价行为。

《电子商务法》第十八条、第二十三条也做出了相应规定:"电子商务经营者根据消费者的兴趣爱好、消费习惯等特征向其提供商品或者服务的搜索结果的,应当同时向该消费者提供不针对其个人特征的选项,尊重和平等保护消费者合法权益。""电子商务经营者收集、使用其用户的个人信息,应当遵守法律、行政法规有关个人信息保护的规定。"也就是说,电子商务经营者不仅要保护用户个人信息安全,同时还应该让用户有自主选择个性推荐的权利。

(七)广告

前期学习时,小吴了解到在平台开通店铺后,如果得不到曝光,将很难有成交,而各个平台都有一些竞价广告推广,市场上也有很多平台表示可以帮助用户提升店铺在电商平台中的搜索排名,如直通车。

如图 2-7 所示,小吴在淘宝网站搜索关键词"纸巾",在搜索结果中显示出了相应的商品,而排名第一的商品,在其右下角显示"广告"标识,除此之外,掌柜热卖右侧也显示了"广告"标识。

这符合《电子商务法》第四十条的规定:"电子商务平台经营者应当根据商品或者服务的价格、销量、信用等以多种方式向消费者显示商品或者服务的搜索结果;对于竞价排名的商品或者服务,应当在显著位置标明'广告'。"

图 2-7　淘宝直通车广告显示

(八)知识产权

电商创业,很重要的一点便是原创性,各大电商平台对于原创商品都有保护措施,但是近些年侵权事件屡有发生,如冒用商标、售卖假货仿货、盗用图案设计、虚假授权、不正当竞争等。

产权保护,是对消费者负责。《电子商务法》第四十一条至第四十五条明确规定了电商平台经营者对知识产权保护的相关义务与责任,其中,第四十五条的规定尤为严厉:"电子商务平台经营者知道或者应当知道平台内经营者侵犯知识产权的,应当采取删除、屏蔽、断开链接、终止交易和服务等必要措施;未采取必要措施的,与侵权人承担连带责任。"

案例:自然人杨某于 2012 年 5 月在淘宝网上开设一家名为"格丽莎卫浴淘宝直销店"的网店,经营浴室柜及五金配件。杨某经营的浴室柜系从 A 公司进货,并通过 A 公司或者自己向淘宝买家发货,发货的浴室柜及包装上均无"格丽莎"标记,但其网店中浴室柜及水龙头页面的图片上印有"格丽莎 grace"水印标记。

另一自然人江某于 2004 年 7 月在第 11 类"水龙头、浴室装置"等商品上申请注册"格丽莎"商标,并于 2006 年 10 月 28 日核准注册。江某在商标核准注册后开始生产经营"格丽莎"系列浴室产品。

江某发现杨某未经其同意,擅自在淘宝网上开设"格丽莎卫浴淘宝直销店",并在浴室柜及水龙头等产品图片、产品介绍中突出"格丽莎"标记,遂于 2013 年 7 月以杨某侵犯其商标专有权为由,向杨某所在地××市工商行政管理局××分局进行了投诉。2013 年 10 月,工商局作出《行政处罚决定书》,认定杨某在其网店中水龙头页面的图片上使用"格丽莎"水印标记的行为,违反了《中华人民共和国商标法》第五十二条第(五)项之规定,属侵犯注册商标专用权的违法行为,责令杨某立即停止侵权行为,并处相应罚款。

【项目总结】

本项目的核心内容分为两部分,一是了解《电子商务法》,二是认识电商创业需注意的陷阱。通过本项目的学习,学生能够在遵守法律法规的前提下,进行创新创业规划,包括商品设计、店铺推广、物流保障、用户数据管理等。当在创业过程中自己的合法权益受到损害时，也能够通过正当方式进行维权。

【相关知识】

一、《电子商务法》对淘宝卖家的影响

1. 电商渠道经营成本将变高

在明确税务问题和相关经营规范问题后，税务成本，包括执行的员工保险成本、平台自身经营成本等，都将变大。

2. 小品牌或"三无"产品的中小卖家生存空间将进一步减小

阿里旗下的天猫与淘宝两大平台，各有优势。同一商品，天猫的成交率比淘宝的高，各方面数据会更好；而淘宝则是成本优势更大，税金、扣点等占比都很小。但是执行新的税收规定后，小商家的税收成本可能会与大商家接近，而商品却没有大商家的优势，所以市场两极分化会更明显。

3. 行业大洗牌，品牌商或品牌经销商将会更适宜生存

一般地，品牌商的商品要比小工厂的商品售价高。在未来，如果税收一致，那么品牌商的优势会更明显，因此做品牌经销商是未来的大趋势。相对而言，小商家无法拿到品牌认知带来的流量，无法与品牌商抗衡，未来更多的流量都会落在品牌产品上，行业将迎来一次大洗牌。

二、营业执照办理所需资料及流程

1. 办理营业执照需要的资料

(1)一寸/二寸免冠照片一张。

(2)身份证原件及复印件。

(3)经营产权证复印件和租赁合同原件。

(4)代办人身份证原件和复印件。

2. 办理营业执照流程

(1)前往工商部门综合窗口填写申请表，上交所有材料。

(2)领取并填写《个体工商户名称预先核准申请书》，至少取 2 个或以上的店名进行审核，若只取一个容易重复而通不过。店名组成：行政区划＋字号＋行业＋组织形式。

(3)名称通过后，领取《个体工商户开业登记申请书》，填好表格后，提交受理。一般个体工商户营业执照需要 5 天左右审核时间。

(4)如果是代办，还需要填写《委托代理人证明》。

3. 电子标识申请

网络经营者申请使用电子标识，可以通过现场申请和网上申请两种途径。通过现场申请的，可以前往当地工商部门政务大厅提交有关材料；通过网上申请的，可以登陆"网络交易监管服务网"申请。

需要准备以下材料：

（1）经本单位法定代表人（经营者）签字并加盖印章的申请表。

（2）营业执照复印件。

（3）本单位法定代表人（经营者）身份证复印件。

（4）如委托办理，需要提供委托书及受委托人身份证复印件。

（5）工商部门认为需要提交的其他材料。

淘宝网店卖家可登录淘宝小镇（https://taobao.yuntrial.com/app/）申请在线电子执照。

【同步实训】

一、实训目的

本实训项目为电商创业法律法规。学生通过本项目的实训，能够掌握电商创业常见的运作模式和《电子商务法》的基础知识。

二、实训软硬件

1. 连接网络的电脑、智能手机等。

2. 相关实训软件。

三、实训分组

学生分组，并选出各组组长，以小组为单位进行操作。

四、实训任务

实训任务一　创业风险类型

通过自主搜集信息，学习创业风险的类型，完成表 2-1。

表 2-1　创业风险类型

分类标准	创业风险具体类型
按创业风险产生的原因划分	如：主观创业风险和客观创业风险
按创业风险产生的内容划分	如：技术风险、市场风险、政治风险、管理风险、生产风险和经济风险
按创业风险对资金的影响程度划分	
按创业过程划分	
按创业与市场和技术的关系划分	
按创业中技术因素、市场因素与管理因素的关系划分	

实训任务二　电商创业模式

从全世界来看,创业成功的概率低于 5%。有人把创业形象地比喻为"九死一生"。当然也有很多创业者获得了巨大的成功。请分析不同的电商创业运作模式的特点,并举例说明,填入表 2-2 中。

表 2-2　不同电商企业运作模式的特点

电商企业名称	运作模式	特点

项目三 电商创业之货源寻找

电商创业与传统创业一样,都需要寻找到适合的货源,但是寻找货源又与消费者分析密不可分,同时,创业者更需要通过消费者分析完成商品定位、定价等。对于电商创业者来说,能否正确选择一款有市场需求的商品决定了整个创业的成败与否。

学习目标

知识目标

1.了解影响商品选择的因素;

2.掌握货源渠道选择特点;

3.掌握消费者行为分析方法。

能力目标

1.能够分析不同货源渠道之间的特点;

2.能够进行消费者全方面分析。

情感目标

通过案例学习,激发学生的创业兴趣。

项目情景

小吴虽然决定通过微店创业,通过网络销售义乌红糖,但是对其市场需求、货源供给等不是很清楚,他希望能够通过消费者分析,寻找到精准用户,通过选择物美价廉的红糖货源,降低创业成本,提高利润。

任务分解

任务一 货源寻找

电子商务创业过程中,货源的选择是网店运营的重中之重。网店装修做得再好、推广做得再到位,即使将客户引到店中,销量也只是一时的,如果商品不具有吸引力,质量不够好,也不会再有回头客。因此,在货源寻找之初小吴首先需要考虑影响商品选择的因素,其次需要考虑渠道的选择。小吴应该从哪些方面着手,来确定最终的进货渠道呢?

一、影响商品选择的因素

通过互联网搜索相关资料完成信息分析,小吴从自我因素、产品因素、市场因素三方面对影响商品选择的因素进行了分析。

1. 自我因素

结合实际情况,小吴从有形资源和无形资源两方面对自我资源进行了分析。有形资源包括健康的身体、资产的存量、资产的流量;无形资源包括创业者的人际关系、知识结构与特征、创业者的心理结构与特征、个人品牌(表3-1)。

表3-1 有形资源与无形资源分析

有形资源	无形资源
(1)健康的身体。健康的体魄,是创业的前提。只有拥有好的身体,才能完成创业过程中的繁重劳动,才能保持创业的激情,才能拥有一个开朗健全的心理	(1)创业者的人际关系。这里所说的人际关系主要包括亲戚、同事、朋友、同学、邻居、客户等,以某种利益为纽带,或者以感情为纽带联系起来的人都可以成为创业者的人际关系
(2)资产的存量。资产的存量指的是在创业前所拥有的资产,这个资产可以是创业者的资金、房产等,创业者拥有的有价值资产	(2)知识结构与特征。其包括个人办事能力、拥有的信息尤其是市场信息等。创业者要求的知识结构一般是广博但不需要精通
(3)资产的流量。对于普通人而言,资产的流量主要是工资收入和消费支出,只有资产的流入大于支出时,创业者的财富才会逐步积累	(3)创业者的心理结构与特征,指的是创业者的性格、气质、心理素质等
	(4)个人品牌,是自身各种因素的综合效应,包括知识结构、信用、经营管理能力、知名度、从业经验等

2. 产品因素

义乌红糖的主要加工原材料是糖蔗。糖蔗的种植、加工质量与义乌红糖质量密不可分。经过分析,小吴认为,影响义乌红糖销量的主要因素是产品质量安全问题,主要包括:

(1)糖蔗在种植过程中可能受到的危害,如使用农药超标、产地环境带来的铅、镉、汞、砷等重金属元素,石油烃、多环芳烃、氟化物等有机污染物。

(2)义乌红糖保鲜、包装、运输过程可能受到的危害,包括运输过程中不合理或非法使用的保鲜剂、抗氧化剂和包装材料中有害化学物等产生的污染。

(3)义乌红糖在加工过程中带来的潜在危害等。

基于以上三点考虑,小吴在选择义乌红糖时需要重点关注糖蔗的种植环境、运输、义乌红糖的包装等因素。

3.市场因素

市场因素包括市场定位,根据产品及销售地区了解市场需求。通过相关资料的学习和研究,小吴总结出七种影响市场需求的因素,并对每一种因素进行了分析。

(1)消费者偏好。因与个人、地域有关,消费者偏好支配着用户对相同价格或相近商品的不同选择。消费偏好并不是固定不变的,而是会受到外界因素和个人的内在因素的变化而发生变化,比如东南沿海一带的人不太喜欢吃辣,所以对于这一区域的消费者需要推荐偏甜的商品。

(2)消费者的个人收入。收入是影响需求的重要因素,消费者收入增加将引起需求增加;反之亦然。比如一个企业高管买礼品要求产品质量、包装、产品美观度等各方面都要有一定档次,价格相对来说偏高,而普通工薪阶层买礼品则看重实惠。

(3)产品定价。一般来说,价格和需求的变动呈反方向变化,但如果消费者意识到低价格将会带来高风险的时候,这条规律就会有变化,这就是人们常说的“一分价钱一分货”。所以低价只有当消费者感觉到质量有保证,交易安全可靠的时候才会发生功效。如国产手机,由于消费者担心质量问题,所以一般不会考虑价格偏低的手机;再如淘宝,交易的安全性得到认可后交易量才大幅增加。

(4)替代品的价格。这里的替代品不仅仅指传统意义的竞品,而是指使用价值相近、可以互相替代来满足人们同一需求的商品,如燃气灶和电磁炉。一般来说,相互替代商品之间某一种商品价格提高,消费者就会把需求转向替代品,从而使替代品的需求增加,反之亦然,但与此同时也要考虑互补品的价格。

(5)互补品的价格。互补品是指使用价值上必须互相补充才能满足人们的某种需要的商品。在互补的商品之间,一种商品价格上升,会导致另一种产品的需求降低。例如,微软公司将 OFFICE 系列、IE 浏览器挂在 WINDOWS 操作系统上采取的就是一种典型的互补式经营。

(6)消费者预期。预期是人们对于某一经济活动未来的预测和判断。买涨不买跌就是这个心理,如果预期价格上涨,会刺激人们提前购买;如果预期价格下跌,就会推迟购买。

(7)其他因素,如商品的品种、质量、广告宣传、地理位置、季节、国家政策等。

二、货源渠道

货源渠道可以分为线上资源渠道和线下资源渠道,除此之外还有一种为自产自销,但小吴对不同渠道的特点并没有深入了解过,为此,小吴对不同渠道进行了对比分析,并根据自己的实际情况确定了一种渠道。

1.线上渠道

通过互联网搜索“义乌红糖批发”关键词,小吴找到三个具有代表性的线上批发网,阿里巴巴、义乌购和马可波罗网。小吴分别从信息完整度、产品价格、销售情况、服务情况等几个方面对三个网站进行了分析。

小吴分别在三个网站搜索“义乌红糖”,搜索结果如图 3-1、图 3-2、图 3-3 所示,接下来查看、对比三个网站的相同产品信息,具体分析见表 3-2。

图 3-1　阿里巴巴平台

图 3-2　义乌购平台

图 3-3　马可波罗网

表 3-2　平台对比分析

平台名称	阿里巴巴	义乌购	马可波罗
产品种类	义乌红糖	义乌红糖	义乌红糖
信息完整度	从搜索结果页面可以看出产品除主图外有价格、月成交量、公司名称、会员标志等信息	从搜索结果页面可以看到产品主图、产品价格、公司名称、公司地址等信息	除主图外,搜索结果页面的信息呈现包括品牌、生产日期、售卖方式、公司名称、产品价格、联系方式等
产品价格	商家根据购买量的不同对价格进行灵活调整	商家根据购买量的不同对价格进行灵活调整	可以议价,但价格结果不明确
销售情况	可查看月成交量	有交易记录但无销售统计	无销售情况
服务情况	可在线联系客服,与客服联系询问产品信息,服务态度较好	可在线联系客服询问产品信息,服务态度较好	无在线客服人员,需要电话联系

通过以上分析,小吴总结出三个平台的分析结果,阿里巴巴和义乌购产品种类较多,信息呈现及销售、服务相对于马可波罗网较为完善,且能够根据购买数量进行价格分层,如图3-4、图 3-5 所示,阿里巴巴及义乌购中的商家会根据购买量的不同对价格进行灵活调整,马可波罗网中虽可以议价,但价格结果不明确。

图 3-4　阿里巴巴平台产品详情页

小吴还了解到,除平台外还可以在网上找相应的产品代理,不用找货源,也不会有存货,不需要自己去拍照制作产品图。但产品代理也存在一些问题,小吴担心没有经过自己的手,产品质量问题不能保证。对于想保持买家百分百好评的小吴来说,产品质量非常重要。除质量外快递费用也是个问题,小吴想,如果他代理的卖家在上海而自己在义乌,自己的朋友通过他这里购买而又要从上海发货,运费将为上海到义乌的邮费,而不是市内快递费,所以小吴排除了产品代理渠道。

小吴根据以上分析对线上渠道的特点进行了总结,线上渠道不管是大货还是小而轻的产品,在网站上都会有很详细的展示,而且价格透明,支持线上交易,最大的一个特点就是种

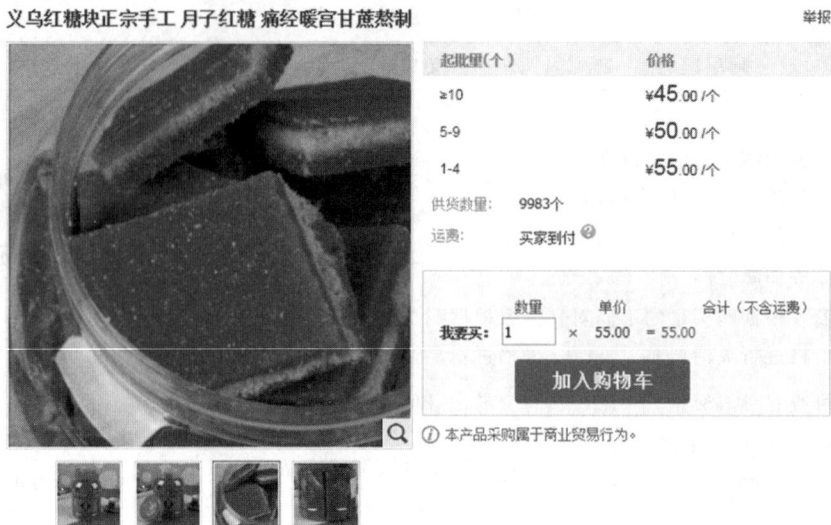

义乌红糖块正宗手工 月子红糖 痛经暖宫甘蔗熬制

图 3-5　义乌购产品详情页

类繁多、应有尽有,而且厂家可以直接提供产品图片,能节约拍照和处理图片的时间。线上渠道也存在缺点,如果不是批量销售,而是单个线上交易,加上运费,采购成本就会上升,没有什么价格优势。

2.线下渠道

分析完线上渠道后,小吴对线下渠道也进行了分析,通过实地考察,小吴了解到:一般大城市的批发市场是一级批发商,直接从厂家进货;而在不发达的中小城市的批发市场,有的会是二级批发商,从一级批发商那里进货,价格的优势相对不是很大。

如果是从发达城市的一级批发商那里进货,价格会有优势,并且货源不用担心,同时还可享受特别优惠的批发价,和厂家进货的方式相比,这无疑大大降低了进货的门槛,减小了存货的风险,而其价格又不会比厂家直销价高多少,非常适合于小吴这种小本创业。

义乌是全国最大的小商品集散中心,而义乌红糖又是当地的特色产品,相比于从线上进货,线下货源反而更方便一些,还可以亲自查验批发的红糖质量,并且节省了时间成本与物流成本。

小吴通过以上分析再结合自己的产品及初创资金,最终确定他的进货渠道为义乌当地的批发市场。

任务二　消费者分析

在确定货源后,小吴还需要对目标营销用户进行分析,掌握目标消费者分析内容及方法。

步骤一:目标消费者分析的目的

营销的目的是让消费者发生尽可能多的连续购买行为。更多、更频繁的购买,才能让高品质的产品(服务)产生品牌效应。而进行消费者分析,是实现这一目的的前提条件,只有知道消费者需要什么,小吴才能有针对性地引导和销售,才能为消费者提供准确的产品,创立的品牌才能获得认可。

步骤二:目标消费人群分析

确立目标消费人群就是解决把商品卖给谁的问题。目标消费人群可分为多种,按照年龄可分为老年人、中青年、儿童、婴儿等,而无论具有何种身份、地位的消费者都包括在这些范围之内。小吴在目标市场定位中将消费人群初步定位为追求健康生活品质并具有网购经验的公司白领、企事业单位员工。在这里,小吴将通过具体数据进一步分析红糖目标消费人群的特征。

义乌红糖属于零食这一类目下的细分品类,小吴将产品消费人群锁定所有的零食消费人群,首先通过登录百度指数页面查看零食消费人群画像(图 3-6),除此之外还可以通过阿里指数、网购大数据等方式收集人群特征。

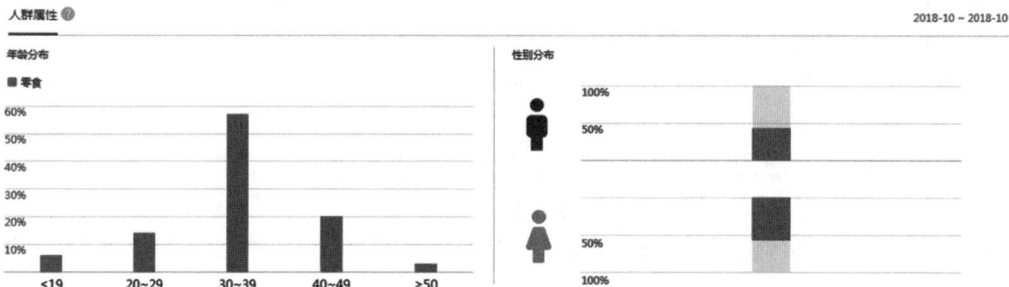

图 3-6　百度指数零食消费人群画像

百度指数的搜索数据显示,20~29 岁占总搜索人数的 14%,30~39 岁占 57%,40~49 岁占 20%。性别以女性居多,占总搜索人数的 57%。

百度指数零食消费人群主要集中在几个重点的一二线城市,而义乌所在的浙江省排名第三,小吴在做后期营销时应注重北京、广州、上海、杭州、深圳等城市。根据互联网搜索到的相关内容,小吴得知这几个城市的上班族平均月工资都在 4800~7000 元。

小吴依据以上数据及通过对行业从业者的多方走访调查,综合分析购买红糖的消费人群具有以下特点:

(1)年龄:30 岁到 49 岁。

(2)性别:女性居多。

(3)职业:公司白领、企事业单位员工。

(4)文化程度:受过高等教育文化水平为主,大专以上居多。

(5)月工资:4800~7000 元。

(6)产品主要用途:红糖中蕴含着大量的营养物质,对肌肤的健康、身体的调理有着独到的功效。

(7)共同点是经济独立、自主自信,具有较高的生活品位,能较快接受新鲜事物,个性张扬而不乏内敛。

【项目总结】

本项目的核心内容分为两部分,一是货源渠道分析方法;二是消费者分析方法。通过本项目的学习使读者能够在创业之初根据产品完成进货渠道的分析,总结不同渠道的优缺点,能够根据创业者的实际情况确定最终进货渠道。掌握如何确定目标人群并对目标人群进行基本信息及网购行为的分析,包括目标消费者的年龄、职业、上网习惯、网购习惯等,为后续制定有针对性的营销策略找到依据。

【相关知识】

一、厂家进货存在的问题

从厂家直接进货应该是最好的进货渠道,其最大的优势表现在价格方面,与其他进货渠道相比,其价格无疑是最具有竞争力的;但同时会存在下面一些问题:

(1)如果进货量不大,那么大的厂家很有可能会置卖家利益于不顾,或抬高价格,或延迟交货。

(2)如果进货量大,虽然可以保证厂家对卖家的优惠待遇,但会出现一些新的问题,比如增加存货成本、积压流动资金等,而这些问题都是每一个卖家所必须认真考虑的。不过,如果卖家的资金充裕的话,建议还是直接到厂家大批量地进货,只要产品有竞争力,就不用担心销路问题。

(3)既然是厂家,一般都是地处郊区,交通条件不是很便利,这无形中增加了向厂家进货的交通成本,除非卖家所在的城市交通条件比较优越。与之相反的是批发市场,一般都是处于交通条件比较好的地方,不论是拿货还是发货都比较方便。

二、消费者定位过程

消费者定位的过程包括了初步界定、购买能力界定、购买需求界定及消费频率界定四个方面。

1. 初步界定

初步界定是对用户的年龄、爱好、地区分布等基础信息进行的界定,该过程一般来讲是通过阿里指数、百度指数进行查询。

2. 购买能力界定

目标人群的购买能力一般通过客户群收入或平均消费水平及是否购买过大额相关产品来界定。

3. 购买需求界定

客户的需求可以从客户的消费历史和客户关注的焦点中看出。假如客户曾经购买过竞争对手的产品或相应的替代品,那么客户对此类产品是有需求的。

4. 消费频率界定

消费频率越高,表明目标人群对产品的需求量大。同时,消费频率代表了客户对此类产品有偏好,那么促使顾客产生购买行为就会顺利很多。

【同步实训】

一、实训目的

本实训项目为电商创业之货源寻找。学生通过本项目的学习,能够完成市场分析、消费者分析,并能够选择合适的货源渠道。

二、实训软硬件

1. 连接网络的电脑、智能手机等。
2. 相关实训软件。

三、实训分组

学生分组,并选出各组组长,以小组为单位针对实训背景进行操作。

四、实训背景

在之前的实训中已选定义乌红糖酥饼作为网店商品,现在需要分析义乌红糖酥饼的供销市场动向、竞争对手的动向等,并进一步确定用户画像,选择合理的货源市场。

五、实训任务

实训任务一　市场分析

结合教师给出的背景分别从供销市场的动向、竞争对手的动向进行行业市场分析,进一步确定网店定位。学生将市场分析结果填入表 3-3 中。

表 3-3　市场分析结果

阿里指数	通过阿里指数了解该行业动向,通过产品搜索指数了解市场大致需求状况
竞争对手调研	从网店开设的平台进行调研,找几家该行业有代表性的店铺分析其销售数据

实训任务二　消费者分析

结合背景中给出的产品进行消费者分析,确定目标用户的特征,填入表 3-4 中。

表 3-4　消费者分析结果

借助工具	如百度指数、360 趋势
用户年龄分布	
用户地区分布	
用户需求分析	
用户典型特征分析	

实训任务三 货源选择

学生根据货源选择内容,撰写实训报告,具体内容见表 3-5。

表 3-5 实训报告

线下批发市场	该行业线下批发市场概况
线上批发市场	该行业线上货源概况
生产厂家	商品生产厂家概况

项目四　电商创业之商品拍摄与美化

本项目将从电商创业角度解析如何进行商品拍摄与美化,包括完成摄影前准备、商品拍摄,利用图片美化工具选择恰当的处理技巧完成对商品图的优化等。通过本项目的学习,读者能更好地掌握电商平台商品拍摄与美化的方法与技巧,培养在电商创业运营中的视觉营销思维。

学习目标

知识目标

1. 了解商品拍摄基础知识;
2. 了解微网店平台商品拍摄与美化的实施要点;
3. 认识图片美化工具。

能力目标

1. 能够完成拍摄前期的素材准备工作;
2. 掌握拍摄布光及设备的使用方法与技巧;
3. 明确商品拍摄的方法与技巧;
4. 掌握网店商品图片的美化处理方法。

情感目标

通过对商品拍摄与美化的学习,提升自我的欣赏水平与视觉品位。

项目情景

小吴在明确了一系列创业前期的事宜后,他计划在网上创业平台开设一家以经营义乌红糖为主的微网店,那他该如何运用相关知识完成微网店产品发布前的准备工作呢?他将从商品的拍摄和美化两个方面着手部署。

任务分解

任务一　商品拍摄

商品拍摄是通过图片展现商品的形状、结构、性能、色彩和用途等特点,引起顾客购买欲望的一种手段。在电商创业平台迅猛发展的当下,商品拍摄与美化已经成为网店运营的重要一环。小吴从以下步骤完成商品拍摄的工作。

步骤一:完成拍摄准备

为了将商品的特色及性能准确地传达给买家,小吴决定通过实体拍摄来获取上架商品的图片。在进行拍摄前,小吴需要明确商品拍摄的总体要求,并选择合适的器材。

一、明确图片的拍摄要求

商品拍摄的总体要求是将商品的形、质、色充分表现出来,但不能夸张。形,指的是商品的形态、造型特征以及画面的构图形式。质,指的是商品的质地、质量、质感。小吴的店铺以红糖为主,相比其他品类的商品,此类商品的拍摄更为讲究,对质的要求非常严格。图片体现红糖的质感要清晰、细腻、逼真,尤其是细微处,以及高光和阴影部分,对质的表现要求更为严格。针对这个要求,小吴认为可以通过恰到好处的布光角度,外加恰如其分的光比反差,来更好地完成对质的表现。不但如此,商品拍摄要注意色彩的统一。小吴通过浏览各个平台上优秀商品图的作品,了解到色与色之间应该是互相烘托而不是对抗,在色彩的处理上应力求简、精、纯,避免繁、杂、乱,如图 4-1 所示。

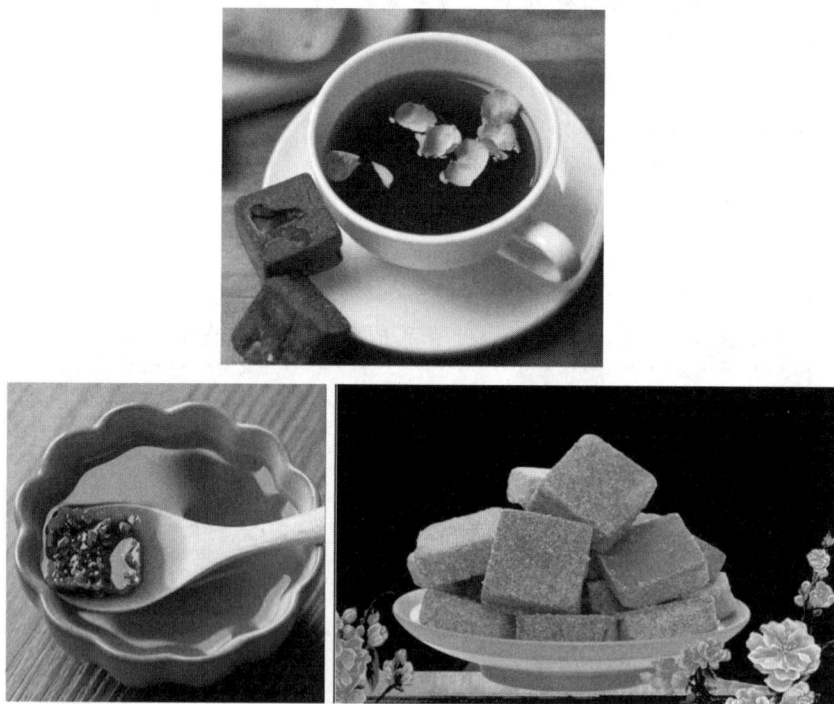

图 4-1　案例赏析

二、器材选择

小吴明确拍摄要求后,开始对器材进行选择。

（一）相机

既然是微网店商品拍摄，小吴认为选择一款适合静物拍摄的相机是有必要的，可以优先考虑具有微距功能的相机。但小吴同时也考虑到对于刚刚接触数码相机的自己而言，创业阶段费用负担不能过大，时间成本不应过高，因此入门级数码单反相机是现阶段的最佳选择，如图 4-2 所示。

图 4-2　入门级数码相机

这类相机功能设置方便快捷，加上可更换专业镜头，功能实用，像素也不亚于专业数码单反相机，可称得上"物美价廉"。

知识速递

数码相机主要有以下几个类型：

1.卡片相机：便携，价格较低，基本满足日常需要。

2.单反相机：成像优秀，可以更换镜头，专业首选。

3.微单相机：可更换镜头。

（二）三脚架

为避免相机晃动，保证影像的清晰度，需要使用三脚架来固定相机，如图 4-3 所示。

图 4-3　三脚架

知识速递

按照材质分类，三脚架可以分为木质、高强塑料材质、合金材料、钢铁材料、火山石、碳纤维等多种。

最常见的材质是铝合金，铝合金材质的三脚架的优点是重量轻，坚固。最新式的三脚架则使用碳纤维材质制造，它具有比铝合金更好的韧性及重量更轻等优点。常背着三脚架外出拍照的人对于三脚架的重量都很重视，希望它能愈轻愈好。

按最大脚管管径可分为 32mm、28mm、25mm、22mm 等，一般来讲，脚管越大，三脚架的承重越大，稳定性越好。

按脚管的节数分为 3 节、4 节、5 节等，一般情况是，脚管节数越少，三脚架的稳定性越好，但越不便携。

按用途分类，可分为用于产品拍摄、人像拍摄、风景拍摄、自拍等的三脚架。

(三)摄影灯具

室内拍摄灯具的款式与功能是多种多样的，如图 4-4 所示。小吴在进行灯具选择时，首先考虑到的就是红糖在灯光下质感的呈现问题。一般来说，红糖在暖色调的灯光下会改变原来的色泽，拍摄出的图片容易出现色差，而在浅色光源下拍摄的红糖却能更清晰地显示原有的色泽。在众多灯具中节能灯以白色光源最好，因此为了保证红糖色泽的真实度，小吴选择了 30 瓦以上三基色白光节能灯作为室内拍摄的灯具。

图 4-4　摄影灯具

(四)商品拍摄台

拍摄台是摄影棚中另一个重要的设备，主要用来拍摄小型静物商品，可以使商品展示最佳的外观效果。标准的商品拍摄台相当于一张没有桌面的桌子，在其上覆盖了半透明的、用于扩散光线的大型塑料板，以便于布光照明，消除被摄物体的投影。其桌面的高度能够按照要求进行调节。放置塑料板的支架的角度也可以在一定范围内转动和紧固，以适合不同的拍摄需要。除此之外，若考虑到成本问题，拍摄台也可以因陋就简，灵活运用，办公桌、家庭用的茶几、方桌、椅子和大一些的纸箱(图 4-5)，甚至光滑平整的地面均可以当作拍摄台使用。

(五)拍摄的背景材料

一般可以到照相器材店购买正规的背景纸、布，如服装平铺拍摄就会选择不容易皱的地毯式背景布，在这种背景材料下拍服装平铺可以得到更好的效果;或到文具商店选购全开的白卡纸来解决没有背景的问题。了解了背景材料后，小吴购买了一些质地不同(纯毛、化纤、

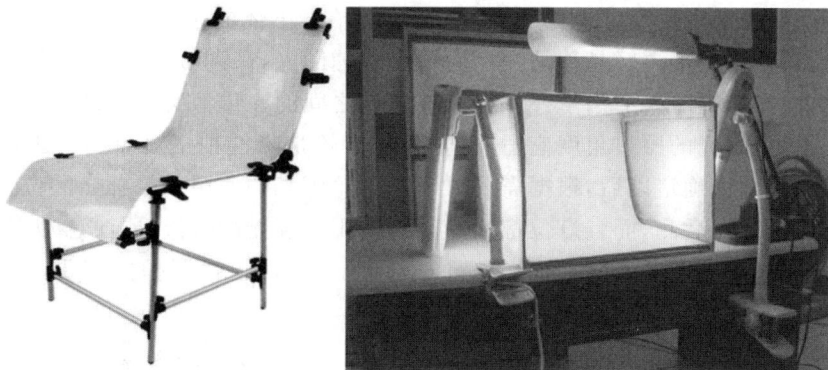

图 4-5　商品摄影台与简易商品摄影台

丝绸)的布料来做背景使用,以此来丰富商品图拍摄的画面感。

✎ **知识速递**

　　商品拍摄不同于其他广告类拍摄。商品拍摄时通过反映商品的形状、结构、性能、色彩和用途等特点,从而引起顾客的购买欲望。因此,拍摄者对于拍摄环境的控制,目的也是在于实事求是地突出商品的特点和功能。

三、布光方法的选择

　　器材选定后,小吴需要进一步根据自己的产品选择合适的布光。他通过常见的光线使用及明暗的对比,发现拍摄布光应该注重使用光线的先后顺序,首先要重点把握的是主光的运用,如表 4-1、表 4-2 所示。

表 4-1　常见的光线使用操作对比

类型	特点与使用方法
室内自然光	室内自然光是由户外自然光通过门窗等射入室内的光线,方向明显,极易造成物体受光部分、背光部分的明暗对比,既不利于追求物品的质感,也很难完成其色彩的表现。这对于拍摄者来讲,运用光线的自由程度即受到限制。
人工光源	人工光源主要是指各种灯具发出的光。这种光源是商品拍摄中使用非常多的。它的发光强度稳定,光源的位置和灯光的照射角度可以根据自己的需要进行调节。如何使用人工光源进行拍摄,要根据拍摄对象的具体条件和拍摄者对于表现方面的要求决定。灯光以点状光源或柔光棚光源及反射光线等形式对商品发生作用。许多情况下,拍摄对象的表面结构决定着光源的使用方式。

表 4-2　常见的光线明暗操作对比

光线明暗操作	效果对比
侧光	能很好地显示拍摄对象的形态和立体感
后侧光	能够强化商品的质感表现
角度较低的逆光	能够显示出透明商品的透明感
角度较高的逆光	可用于拍摄商品的轮廓形态

主光是所有光线中占主导地位的光线,是塑造拍摄主体的主要光线。当主光作用在主体位置上后,其灯位就不再轻易移动。然后再利用辅助光,来调整画面上由于主体的作用而形成的反差,因此拍摄时要适当掌握主光与辅助光之间的光比情况。辅助光的位置,一般都安排在相机附近,灯光的照射角度应适当高一些,目的是降低拍摄对象的投影,不致影响到背景的效果。辅助光确定以后,根据需要再来考虑轮廓光的使用。轮廓光的位置,一般都是在商品的左后侧或右后侧,而且灯位都比较高。使用轮廓光的时候,要注意是否有部分光线射到镜头表面,一经发现要及时处理,以免产生眩光。其后再按照拍摄需要,考虑不同的布光角度,如图 4-6 所示。

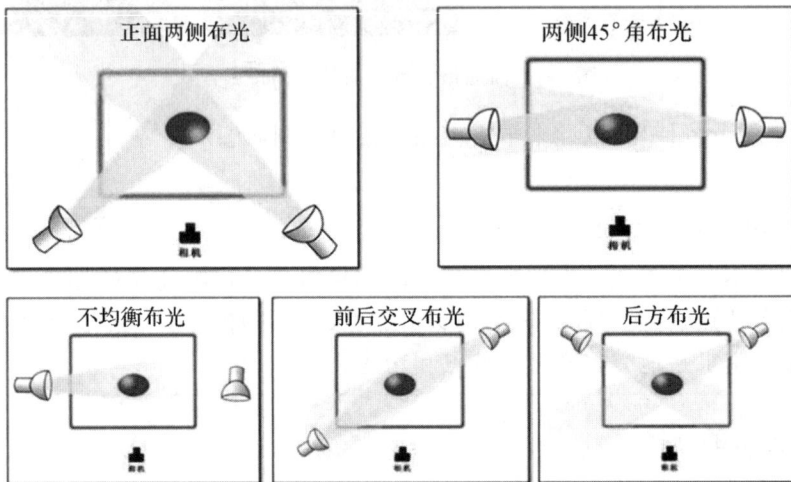

图 4-6 不同的布光角度

步骤二:实施拍摄

完成拍摄准备后,小吴下一步需要根据商品的特点选择合适的拍摄手段实施拍摄。以红糖为例,经过加工的红糖外表多为粗糙的质地,在拍摄红糖时最重要的还是要尽可能地靠近被摄物体,这就是小吴为什么要选取具有微距功能相机的主要原因。如果全景拍摄摆放在桌子上的红糖,那么会不容易看出所拍摄的到底是什么物品。所以在实际拍摄的时候尽量使红糖充满画面,让红糖细小的颗粒也清晰地呈现在画面中。为了更好地表现红糖的颗粒质感,小吴选用柔光来拍摄,柔光能够充分展现物体的细节,如图 4-7 所示。

图 4-7 红糖拍摄效果图

小吴通过红糖的拍摄了解到,对于颜色较深的红糖来说,如果构图的时候让其充满画面,就需要对曝光补偿进行相应的调整。根据白加黑的原理,相机在进行测光时会选择将画面中的拍摄内容拍为中灰效果,以确保所有细节都有所保留。但是在实际生活中并不是所用的东西都是中灰色,所以在拍摄白色主体的时候需要适度增加曝光,而在拍摄黑色主体时则需要尽量减少曝光,从而使画面的内容真实可信。为了得到较真实的曝光效果,在拍摄时需要对曝光进行相应的减小,而且减小曝光补偿还可以更好地突出粗糙的质感。同理,这种拍摄方法同样也适用于其他表面质感相对粗糙的产品,如茶叶、全麦面包、咖啡豆等。

拍摄完成后,小吴根据拍摄感受归纳出拍摄时需要注意的问题,主要有以下四点:

★构图过大容易造成视觉模糊,让客户无法看清产品的本质。

★把镜头推近可以清晰地表现出红糖的颗粒感。

★在室内光线下或者灯光下拍摄,如果要准确反映红糖或者红糖水的色彩,应该使用"自定义"白平衡功能,不应该使用自动挡。

★在拍摄较大面积深色红糖的时候,要注意准确地掌握其曝光,因为红糖面积大,光线的明暗反差会比较大。

任务二　商品美化处理

在完成了商品图片的拍摄后,小吴将相机中的图片导入电脑后发现,在客观有限的条件下拍摄的图片均有大小不一的瑕疵,面对这些瑕疵,小吴决定通过相关的美化处理工具对图片进行优化,并将优化后的图片进行二次"加工",使其更贴合微网店商品图的应用要求。

在开始实施商品图的美化处理前,小吴对常见的图片美化工具 Photoshop 进行了具体的了解。

步骤一:Photoshop 的基本认知

小吴通过百度搜索关键词"Photoshop",了解到 Photoshop 简称"PS"(图 4-8),是由 Adobe Systems 开发和发行的图像处理软件(图 4-9)。该软件功能包括图像编辑、图像合成、校色调色及功能色效制作等。图像编辑是图像处理的基础,可以对图像做各种变换,如放大、缩小、旋转、倾斜、镜像、透视等,也可以进行复制、去除斑点、修补等。

图 4-8　Photoshop Logo

一、Photoshop 界面构成

在了解 Photoshop 的基础知识后,小吴完成了 Photoshop 软件的下载和安装。

Photoshop 的界面主要由菜单栏、工具选项栏、工具箱、状态栏、浮动调板等几部分组成。

菜单栏:将 Photoshop 所有的操作分为九类,如文件、编辑、图像、图层、文字、选择、滤镜、视图、窗口等,如图 4-10 所示。

工具选项栏与工具箱:使用的工具不同,工具选项栏上的设置项也不同。若工具下有三角标志,则该工具下还有其他类似的工具。若选择使用某工具,工具选项栏则列出该工具的选项,如图 4-11 所示。

图 4-9　Photoshop 界面

图 4-10　Photoshop 菜单栏

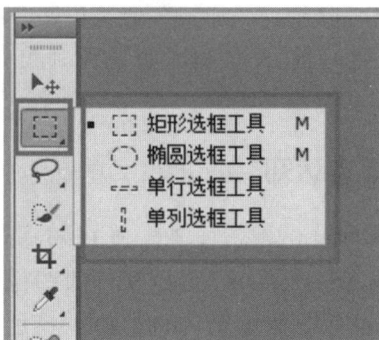

图 4-11　工具选项栏与工具箱

　　工具选项栏：选项栏位于菜单栏的下面，用于对当前所选工具进行参数设置。大部分工具都有自己的工具选项栏，它会根据当前所选工具而显示相应的控制按钮和选项，如图4-12所示。

图 4-12　工具选项栏

　　状态栏：包含四个部分，分别为图像显示比例、文件大小、浮动菜单按钮及工具提示栏，如图 4-13 所示。
　　浮动调板：可在窗口菜单中显示各种调板。双击调板可使标题最小化或还原调板，拖动调板标签可分离和置入右边三角调板菜单，而调板窗的作用则是将常用的调板置入其中，如图 4-14 所示。

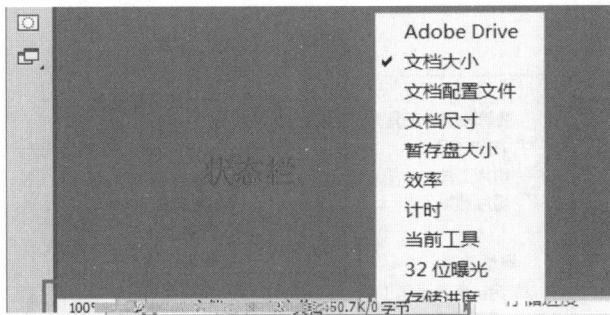

图 4-13　状态栏

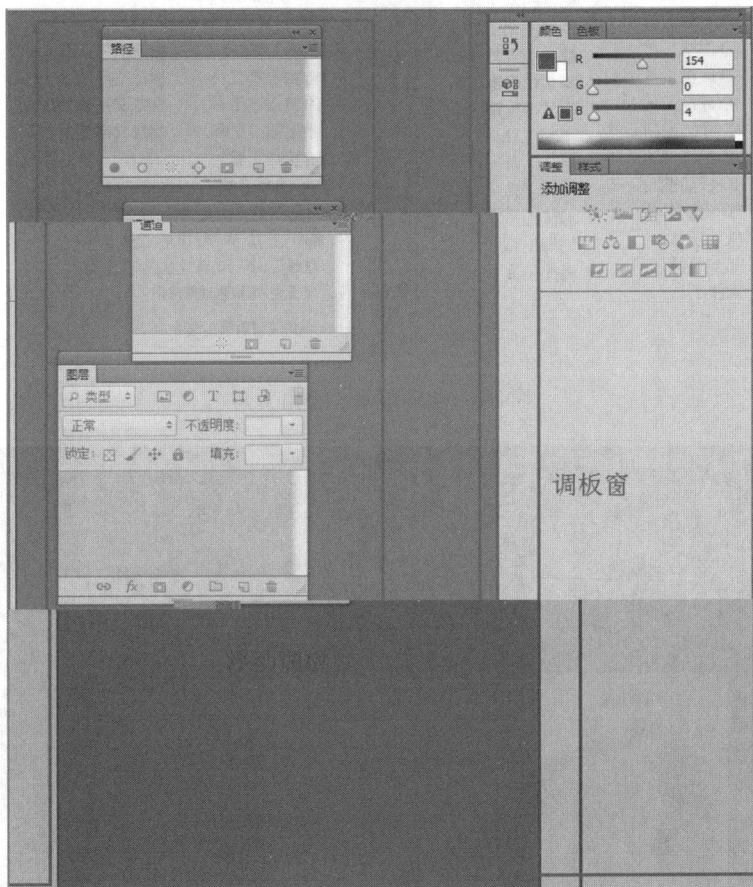

图 4-14　浮动调板与调板窗

二、Photoshop 常用工具介绍

在了解了 Photoshop 的界面构成后，小吴接下来对 Photoshop 常用工具进行了具体操作。为了辨别工具间的差异，他对 Photoshop 的常用工具进行属性归类，如图 4-15 所示。

通过工具属性归类，小吴整理出了 Photoshop 常用工具的具体使用方法。

移动工具：可以对 Photoshop 里的图层进行移动，如图 4-16 所示。

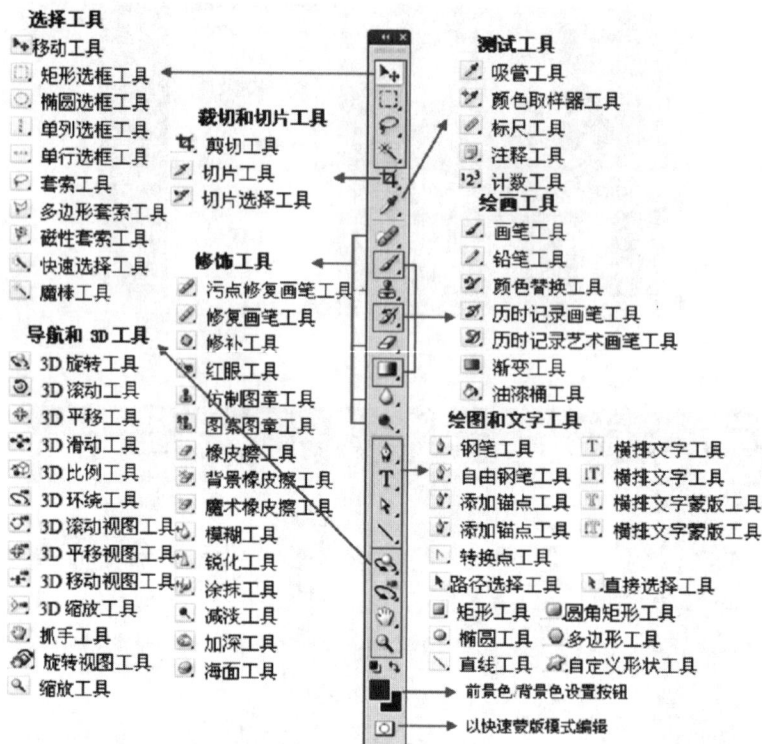

选择工具
移动工具
矩形选框工具
椭圆选框工具
单列选框工具
单行选框工具
套索工具
多边形套索工具
磁性套索工具
快速选择工具
魔棒工具

裁切和切片工具
剪切工具
切片工具
切片选择工具

修饰工具
污点修复画笔工具
修复画笔工具
修补工具
红眼工具
仿制图章工具
图案图章工具
橡皮擦工具
背景橡皮擦工具
魔术橡皮擦工具
模糊工具
锐化工具
涂抹工具
减淡工具
加深工具
海面工具

测试工具
吸管工具
颜色取样器工具
标尺工具
注释工具
计数工具

绘画工具
画笔工具
铅笔工具
颜色替换工具
历时记录画笔工具
历时记录艺术画笔工具
渐变工具
油漆桶工具

导航和 3D 工具
3D 旋转工具
3D 滚动工具
3D 平移工具
3D 滑动工具
3D 比例工具
3D 环绕工具
3D 滚动视图工具
3D 平移视图工具
3D 移动视图工具
3D 缩放工具
抓手工具
旋转视图工具
缩放工具

绘图和文字工具
钢笔工具　横排文字工具
自由钢笔工具　横排文字工具
添加锚点工具　横排文字蒙版工具
添加锚点工具　横排文字蒙版工具
转换点工具
路径选择工具　直接选择工具
矩形工具　圆角矩形工具
椭圆工具　多边形工具
直线工具　自定义形状工具

前景色/背景色设置按钮
以快速蒙版模式编辑

图 4-15　Photoshop 常用工具

图 4-16　移动工具应用

　　矩形选择工具:可以对图像选一个矩形的范围,一般用于规则范围的选择,如图 4-17
所示。

图 4-17　矩形选择工具应用

裁剪工具：可以对图像进行裁剪。选择裁剪一般出现八个节点框，用户用鼠标对着节点进行缩放，用鼠标对着框外可以对裁剪区域进行旋转。用鼠标对着裁剪区域双击或打回车键即可以结束裁剪，如图 4-18 所示。

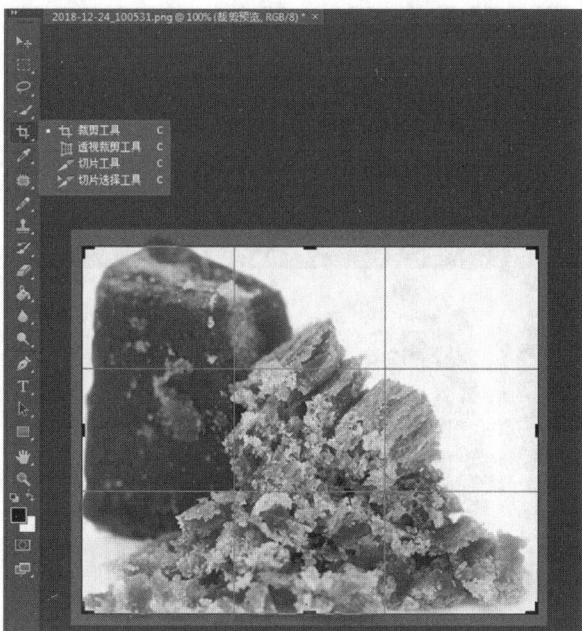

图 4-18　裁剪工具应用

套索工具：可任意按住鼠标不放并拖动创建一个不规则的选择范围，一般用于不规则范围的选择,如图 4-19 所示。

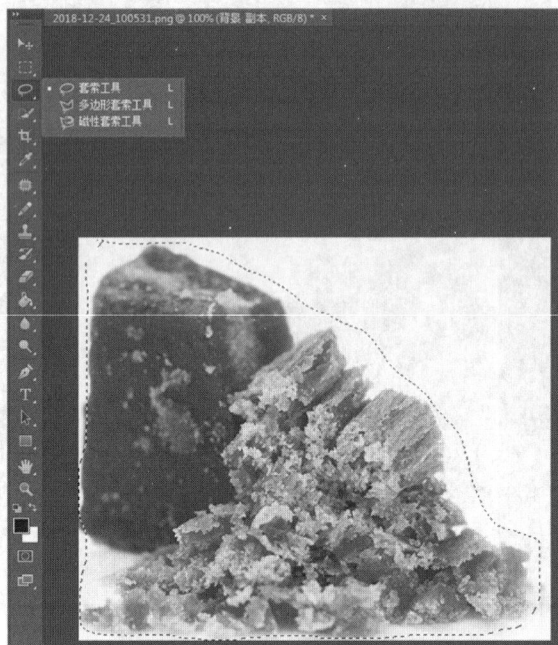

图 4-19　套索工具应用

魔棒工具:用鼠标点击图层中颜色相近的区域,在选项栏容差值处调整容差,数值越大,表示魔棒所选择的颜色差别越大,反之,颜色差别越小,如图 4-20 所示。

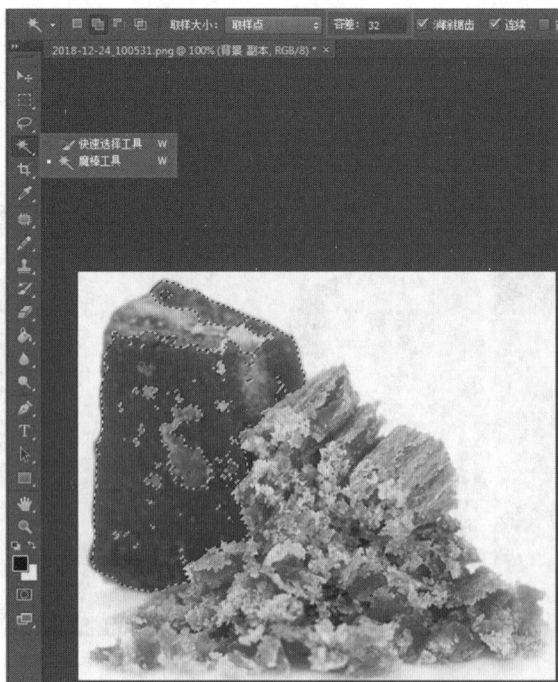

图 4-20　魔棒工具应用

　　画笔工具:如图 4-21 所示,画笔工具中有多种模式,根据需求进行选择,可在右边的色板中取色。操作画笔工具的方法与喷枪工具基本相同,也是用来对图像进行上色,只是喷枪的表现更为柔和。

图 4-21　画笔工具应用

　　仿制图章工具:多数用来对图像进行修复,也可以理解为局部复制。在选项栏中选择画笔大小及硬度,按住 Alt 键,在图像中需要复制或要修复取样点处单击左键,就可以在图像中仿制图像,如图 4-22 所示。

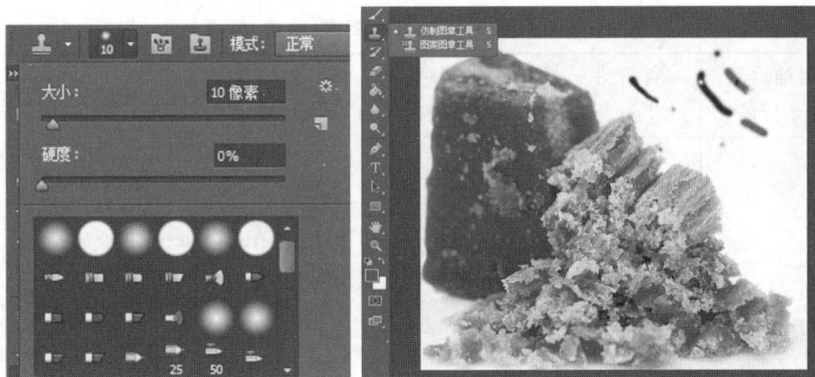

图 4-22　仿制图章工具应用

　　钢笔路径工具:也称为勾边工具,主要是画出图像路径。必须注意的是,落笔必须在锯齿下方,即在锯齿下方单击,移动鼠标到另一落点处单击左键。如果要勾出一条弧线,则落点时就要按住鼠标左键不放,再拖动鼠标就可以勾出一条弧线。每定一点都会出现一个节点加以控制以方便以后修改,而用鼠标拖出一条弧线后,节点两边都会出现控制柄。还可按住 Ctrl 键对各控制柄进行弧度调整,按住 Alt 键可以消除节点后面的控制柄,避免影响后面的勾边工作,如图 4-23 所示。

图 4-23　钢笔路径工具应用

步骤二:明确微网店平台的图片要求

在选择了合适的美化工具后,小吴需要进一步明确微网店平台的图片要求。小吴对有赞微小店、微店、萌店与网上创业平台的图片要求进行对比,归纳得出各平台的图片尺寸要求,如表 4-3 所示。

表 4-3　微网店平台的图片要求(单位:像素)

平台名称	店铺封面尺寸与要求	店招图尺寸与要求	主图尺寸与要求	导航图尺寸与要求	广告图尺寸与要求
有赞	—	—	商品图统一尺寸为 640×640	导航图必须固定添加 4 张图片,每张图片尺寸建议为 160×160	根据显示方式制定图片尺寸: 1.折叠轮播式,宽度640,高度不限; 2.分开显示,大图宽度580,小图宽度320,高度不限
微店	要求图片设计清晰简单,切忌拼图,标准尺寸为 720×1280	图片一定要清晰无拼图,文字字体与封面字体一致,标准尺寸为 640×330	商品主图无水印,背景清晰,简洁无拼接,风格统一,尺寸建议在 580×580 及以上,正方形	导航图要求无水印,整洁无拼接,背景风格统一。尺寸建议在 580×580 及以上,正方形。导航图名称要求 5 字以内	1.大图广告:图片比例不做限制; 2.轮播广告:图片比例为 4:3; 3.两列广告:图片比例为 4:3

续表

平台名称	店铺封面尺寸与要求	店招图尺寸与要求	主图尺寸与要求	导航图尺寸与要求	广告图尺寸与要求
萌店	封面尺寸会随着手机屏幕的大小等比缩放,建议尺寸为750×1334	店招的尺寸会随着手机屏幕的大小等比缩放,建议宽750,高不定	建议尺寸为640×320	—	—
"博星卓越"网上创业平台	—	店招图尺寸可以设置为2∶1或8∶5,格式为JPG或PNG	—	—	根据不同的广告图性质进行尺寸区分。 活动专区图片尺寸: 　左:255×382; 　右上:333×168; 　右下:333×199; 新品热卖图片尺寸:598×374

步骤三:处理商品图片

一、商品图常规处理

经过上面一系列的学习后,小吴意识到商品图片的后期处理是为了更好地突出产品的卖点和特点,因此他根据自身对商品图的美化要求认知,开始了商品图片的处理操作。小吴从已拍摄好的图片中挑选出了三张存在普遍问题的图片,分别进行背景抠除、图片明暗度调整、污渍修复,如图4-24所示。

图4-24　图片常见问题

通过分析图片问题后,小吴决定针对不同的修正需求运用恰当的 Photoshop 工具对图片进行处理。

(一)抠图

小吴打开需要抠除白底的图片,并复制一次图层(Ctrl+J),如图4-25所示。

不同的素材可以使用不同的抠图方法,如在面对主体与背景颜色差较大的图片时,一般可使用通道、选区、钢笔、画笔等工具进行抠图。而小吴在拍摄时考虑到了后期抠图的效率,因此他拍摄商品的背景均选择了纯白色,这类背景纯粹的图片一般使用魔棒、快选工具即可。小吴使用"魔棒工具"抠图,如图 4-26、图 4-27 所示。

图 4-25　复制图层

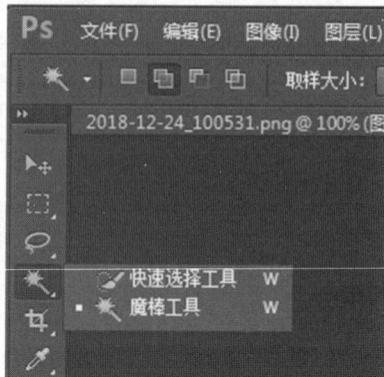

图 4-26　选择"魔棒工具"

图 4-27　执行"魔棒工具"

小吴用魔棒把主体或背景选取出来,然后在属性栏的调整边缘选项中设置相关的参数,优化主体边缘,最后保存为 PNG 格式,这样小吴就得到了边缘较为自然的主体,如图 4-28、图 4-29 所示。

(二)调整图片明暗度

在商品拍摄中由于光的不可控性,很容易导致拍摄出来的图片出现亮度不够或色彩不够亮丽的问题,这些问题在一定程度上不但削弱顾客的视觉体验,也会弱化商品的卖点。因此完成了抠图操作后,小吴将对图片明暗度问题进行处理。小吴打开需要调整的图片,选择"图像"菜单下的"调整""曲线"按钮,如图 4-30 所示。

在弹出的对话框中拖拽曲线,向上箭头方向拖拽可使图片更亮,向下箭头方向拖拽图片

图 4-28　抠除背景

图 4-29　抠图前后对比

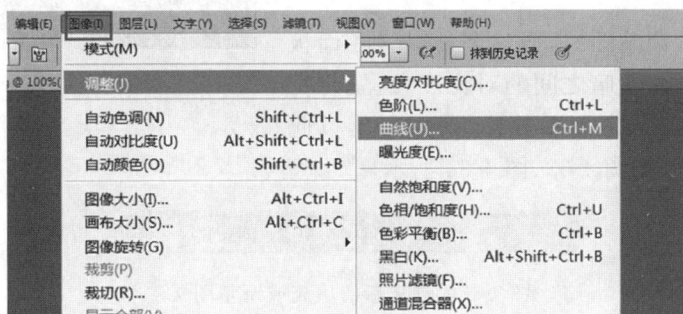

图 4-30　曲线工具

会调暗,具体的数值应根据图片的实际情况来做出调整,调整合适后点击"确定"按钮即可,如图 4-31 所示。

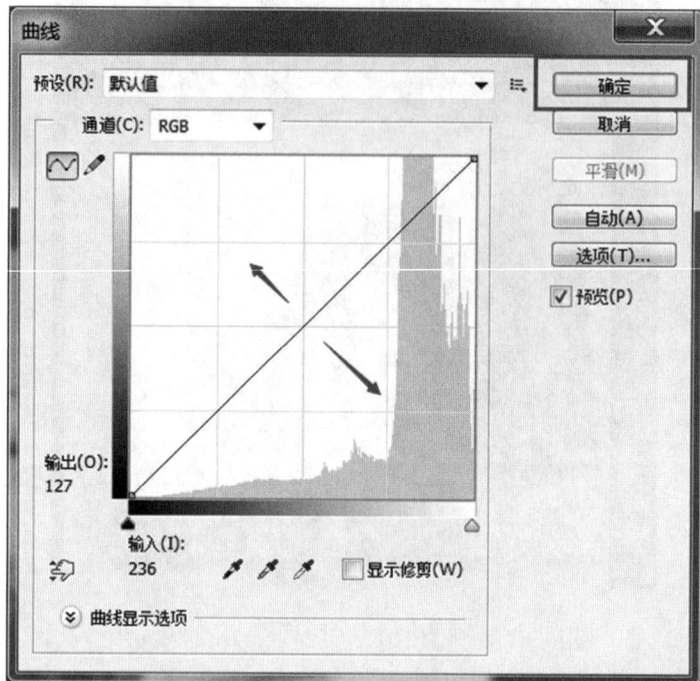

图 4-31 调整明暗度

但小吴发现,在拍摄玻璃制品时,由于拍摄光线不佳,拍摄出的图片偏暗,经过光线调整后也不能体现玻璃制品晶莹剔透的感觉。因此,小吴认为需要进一步运用"色阶"工具调整图片的明暗度。

小吴接着继续打开刚才的图片,复制图层,将图层的混合模式更改为"滤色",以此来提升照片的亮度,改善画面的曝光度。为了尽可能保留杯子外观细节,还可以使用"不透明度"控制亮度的高低,如图 4-32 所示。

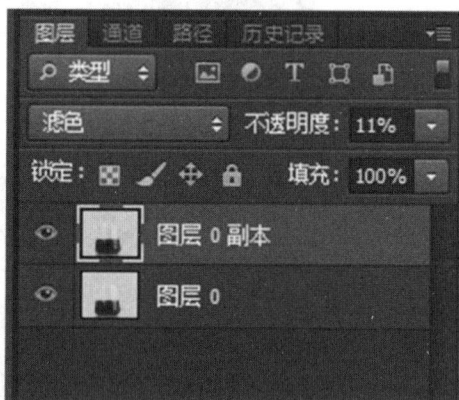

图 4-32 滤色设置

创建"曝光度"调整图层,通过调整"属性"面板中的参数来提升画面明暗之间的对比度,这里将位移数值调整至 0.0165、灰度系数校正为 0.62,以此增强玻璃的通透感,如图 4-33、图 4-34 所示。

图 4-33 创建新的填充或调整图层

创建"曲线"调整图层,如图 4-35、图 4-36、图4-37所示,选择"预设"下拉菜单中的"强对比度"选项,此时曲线会自动变为"S"形。小吴在执行操作后观察到此时杯子的层次感更

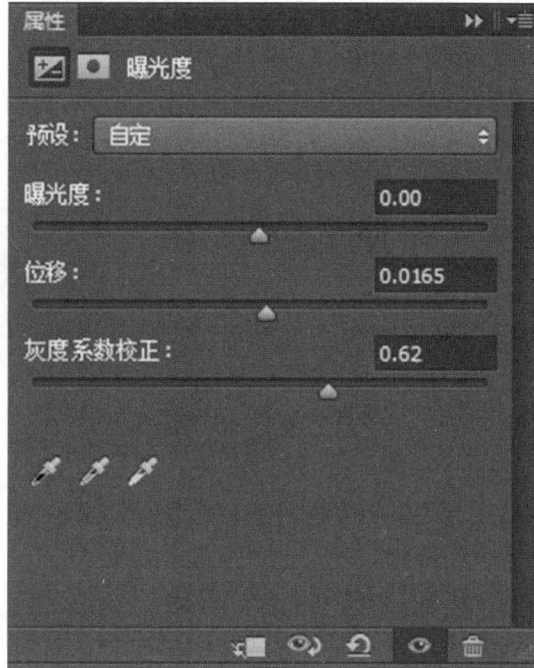

图 4-34　调整曝光度

图 4-35　创建新的填充或调整图层

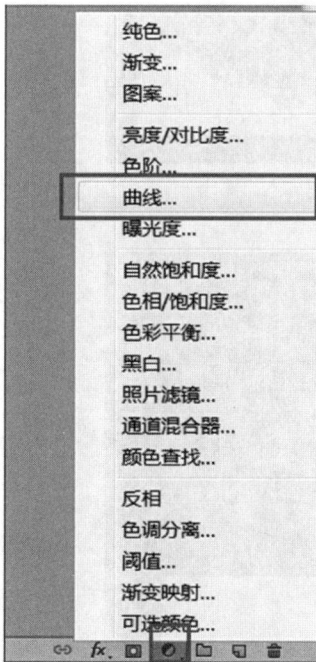

图 4-36　创建"曲线"调整图层

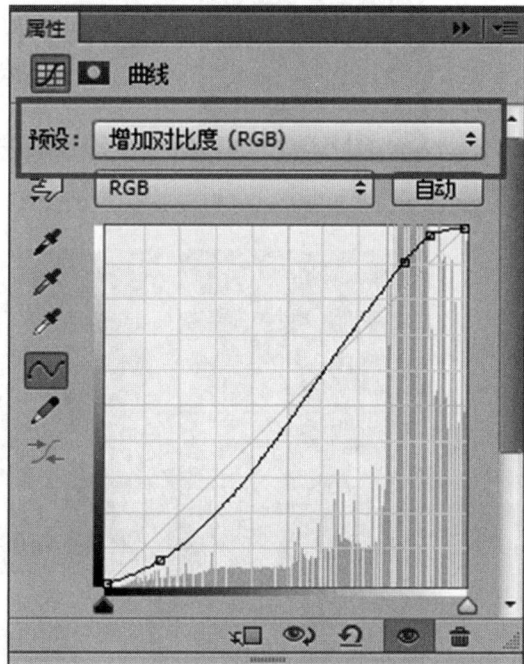

图 4-37　设置"强对比度"

强,并拥有较强的立体感和透明感,如图 4-38 所示。

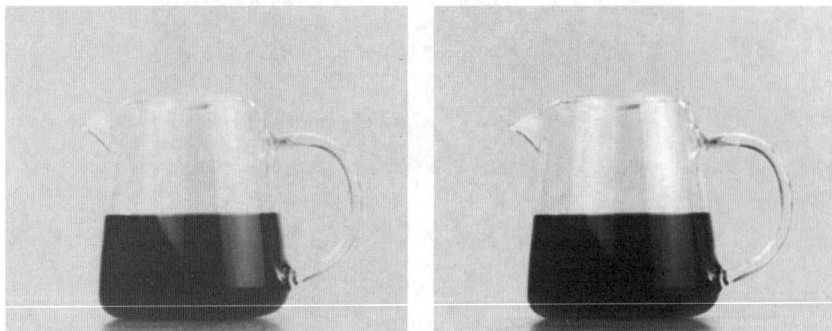

图 4-38　调整前(左图)和调整后(右图)

(三)污迹修复

在实现图片修复时,小吴选中 Photoshop 工具栏"修复工具"中的"污点修复画笔工具",在顶部属性栏,设置污点修复画笔属性,如图 4-39、图 4-40 所示。

图 4-39　选择"污点修复画笔工具"

图 4-40　设置污点修复画笔属性

在污点修复画笔选项栏中,小吴设置画笔类型为"内容识别"。画笔被设置为"内容识别"后,污点修复画笔工具会根据污点周围的图像自动无缝填充污点,并且可根据污点大小,调整画笔大小和硬度,这对于修复小瑕疵操作简单,效果明显。小吴将光标移动到需要修复的污点上,单击鼠标左键,污点可以自动消除,但污点修复是耗时的精细工作,需要耐心操作,才能得到理想的图片修复效果,如图 4-41 所示。

　　　　（A）修复前　　　　　　　　　　　　　（B）修复后

图 4-41　修复前后对比

二、商品图创意设计

完成商品图的常规处理后,为了让商品图看起来更具吸引力,小吴决定在图片修正后的基础上进行创意设计,进一步优化商品图的呈现效果。

为了更贴合商品的属性,小吴选择一张能够与红糖产品相呼应的背景图,并在Photoshop中打开图片,如图 4-42 所示。

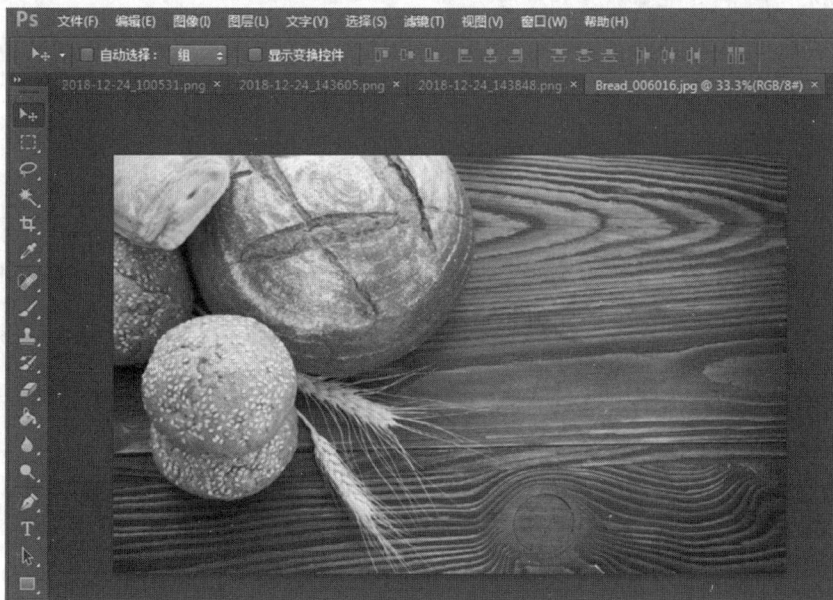

图 4-42　打开背景图

依次置入图片素材,根据顾客的视觉关注点对素材的位置进行调整,如图 4-43、图 4-44所示。

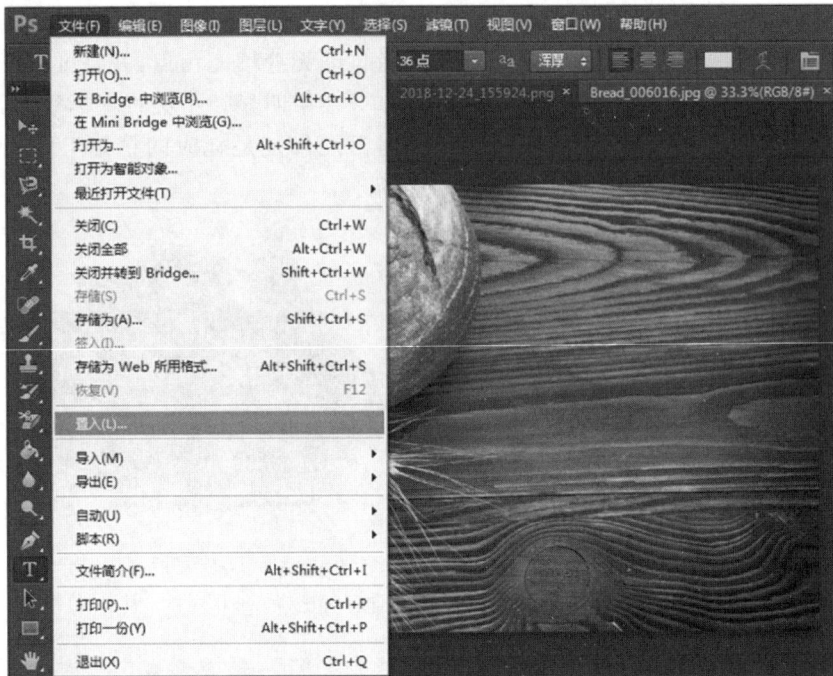

图 4-43　置入素材

图 4-44　完成素材位置调整

完成后，可以添加 Logo 或者文字，小吴输入了"义乌红糖"，并将字体设置为"华文行楷"，如图 4-45 所示。最终效果，如图 4-46 所示。

图 4-45　输入文字并设置

图 4-46　成果展示

【项目总结】

通过本项目的学习,读者对网店商品拍摄与美化建立了一个系统的认知。商品拍摄部分为本项目的重点,需要读者了解拍摄准备的一般流程,并能掌握常用的拍摄方法与技巧。而网店商品美化为电商创业的核心内容,也是本项目的难点,读者需从视觉营销的角度去理解并掌握图片处理与美化的方法与技巧。另外,通过本项目的学习,读者能够提升分析问题的能力、审美能力和应用能力等,培养在后续创业运营中必备的技能和营销思维。

【相关知识】

一、光线方向与光位对摄影造型效果的影响

摄影是光线造型艺术,研究光线的方向和光位对摄影的作用和效果很有必要。

光线方向,主要是相对相机镜头而言,也可以说是就观察者视角而言,指光源位置与拍摄方向之间所形成的光线照射角度。光源位置和拍摄方向两者之一有所改变都可以认为是光线方向的改变。光线方向在立体空间的变化是十分丰富的。

光位是构成被拍摄对象一定造型效果的光线角度(包括水平角和垂直角)。光位是在确定的拍摄方向下,围绕着被拍摄对象作不同位置的照明变化的。在摄影的光线处理中,在水平方向分为顺光、前侧光、侧光、后侧光、逆光、顶光、脚光(前脚光、后脚光),如图 4-47 所示。任何光位的确定都取决于视点(拍摄位置),视点的变化就意味着光位的变化,意味着拍摄对象受光面积、方向等光线照射效果的变化。

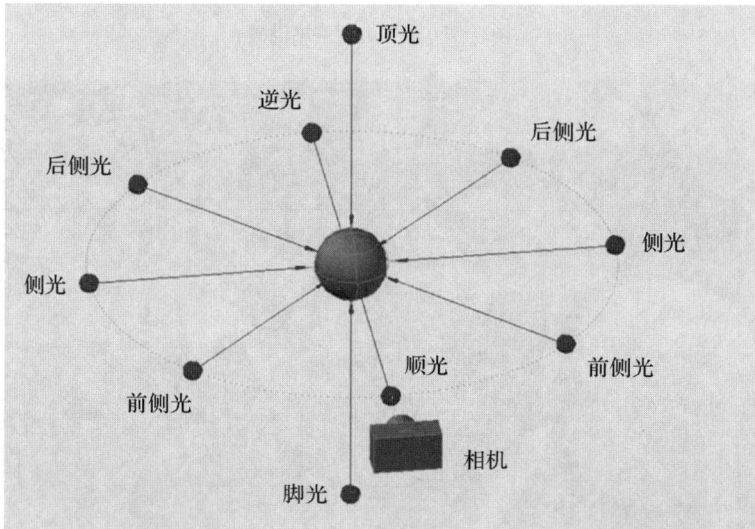

图 4-47　光位分类

在自然光条件下,太阳作为主要光源。太阳的高度及其与拍摄方向所形成的角度的变化决定光位。在人工照明条件下,光位可以根据造型需要进行调整。光位细微的变化都会对摄影造型效果产生细腻的变化。

1. 顺光

顺光亦称正面光,是指光线投射方向跟相机拍摄方向一致的照明。顺光时,被摄体受到均匀的照明,景物的阴影被自身遮挡,影调比较柔和,能隐没被摄体表面凹凸及褶皱,但处理不当会比较平淡。顺光照明不利于在画面中表现大气透视效果,表现空间立体效果也较差,在色调对比和反差上也不如侧光、后侧光丰富。顺光的优势是不但影调柔和,同时还能很好地体现景物固有的色彩效果,在进行光线处理的时候,往往把较暗的顺光用作副光或者造型

光,如图 4-48 所示。

图 4-48　顺光

图 4-49　前侧光

2.前侧光

前测光也叫顺侧光、斜侧光。光线投射水平方向与相机镜头成 45°角左右时的摄影照明。在摄影艺术创作中,前测光常被用作主要的塑型光。这种光线照明能使被摄体产生明暗变化,很好地表现出被摄体的立体感,表现质感和轮廓,并能丰富画面的阴暗层次,起到很好的造型塑型作用,如图 4-49 所示。

3.侧光

光线投射方向与拍摄方向成 90°左右。受侧光照明的物体,有明显的阴暗面和投影,对景物的立体形状和质感有较强的表现力。缺点是:往往形成一半明一半暗的过于折中的影调和层次,在大场面的景色中往往形成不均衡,这就要求在构图上考虑受光面景物和阴影在构图上的比例关系,如图 4-50 所示。

4.后侧光

后侧光也称反侧光、侧逆光。光线投射方向与相机拍摄方向大约成 135°。后侧光照明的景物,大部分处在阴影之中,景物被照明的一侧往往有一条亮轮廓,能较好地表现景物的轮廓形式和立体感。在外景摄影中这种照明能较好地表现大气透视效果。利用后侧光进行人物近景和特写拍摄时,一般要对人物做辅助照明,以免脸部太暗,但对辅助照明光线的亮度要加以控制,使之不影响后侧光自然照明效果,如图 4-51 所示。

5.逆光

逆光也称背面光,指来自被摄体后面的光线。由于从背面照明,只能照亮被摄体的轮廓,所以又称作轮廓光。逆光有正逆光、侧逆光、顶逆光三种形式。在逆光照明条件下,景物大部分处在阴影之中,只有被照明的景物轮廓,使这一景物区别于另一种景物,因此层次分明,能很好地表现大气透视效果。在拍摄全景和远景中,往往采用这种光线,使画面获得丰富的层次,如图 4-52 所示。

图 4-50　侧光

图 4-51　后侧光

图 4-52　逆光

6.顶光

顶光是来自被摄体上方的光线。在顶光照明下,景物的水平面照度大于垂直面照度,景物的亮度间距大,缺乏中间层次。在顶光下拍摄人物,会产生反常的、奇特的效果,如前额发亮、眼窝发黑、鼻影下垂、颧骨显得突出、两腮有阴影,不利于塑造人物形象的美感。如果用辅助光提高阴影亮度形成小的光比,也可获得较好的造型。顶光包括顺顶光、顶光、逆顶光,前两者照明效果相似,后者与逆光效果相似,如图 4-53 所示。

7.脚光

脚光是由下方向上照明人物或景物的光线。在前方的称为前脚光,这种造型光线形成自下而上的投影,产生非正常的造型,常被用作表现画面中的光源,如油灯、台灯、篝火等自然光照明效果,或者用作刻画特殊人物形象、特殊情绪,渲染特殊气氛,也可用作面部的修饰光使用。在景物背后的脚光称为后脚光,这种光线照射人物的头发尤其是女人的长发或者景物的细节有修饰和美化的作用,在摄影棚的拍摄中常作为一种效果光使用,如图 4-54 所示。

二、摄影棚商品构图技巧

学习了基本的构图原理之后,摄影师可以不拘泥于陈规,也可以去破格和创新。

1.黄金分割法

用黄金分割法构图,画面两部分的比例通常为 1∶0.618,按此比例设计的造型十分美丽。

这里把黄金分割法的概念略为引申,0.618 的地方是放置拍摄主体最佳的位置,以此形成视觉的重心。如图 4-55 和图 4-56 所示的两张照片,主体都占据了画面的 0.618 左右,但是图 4-55 中的一张图的黄金分割线是横向的,因此画面为上下结构,图 4-56 中的一张图的黄金分割线是竖向的,因此画面为左右结构。

2.三分法

如图 4-57 所示,三分法其实就是从黄金分割法中引申出来的,用两横、两竖的线条把画面均分为九等分(也叫"九宫格"),中间四个交点成为视线的重点,也是构图时放置主体的最佳位置。这种构图方式并非要被摄体必须占据画面的四个视线交点,在这种 1∶2 的画面比例中,主体占据 1~4 个交点都可以,但是画面的疏密会有所不同。

图 4-53 顶光

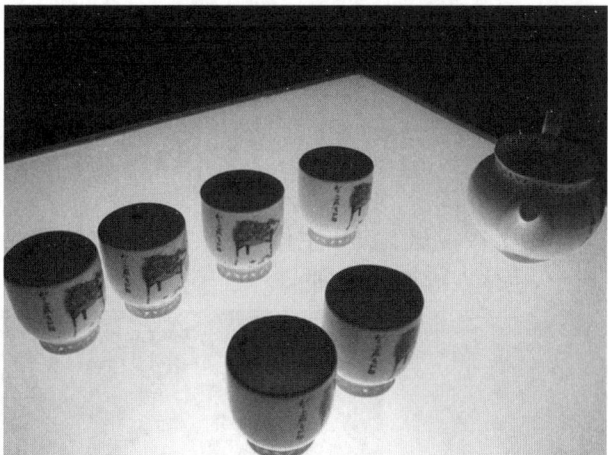

图 4-54 脚光

图 4-55　黄金分割:上下结构

图 4-56　黄金分割:左右结构

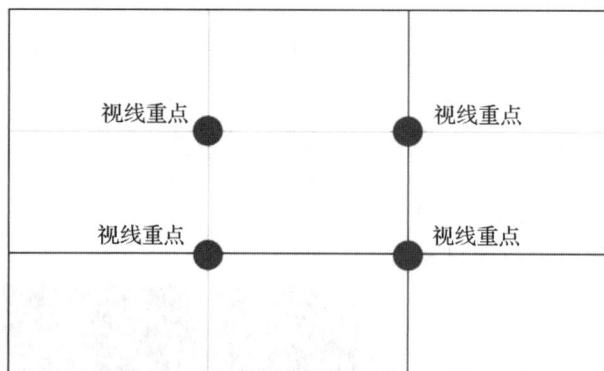

图 4-57　三分法

3.均分法

为了在视觉上突出主体,摄影师常常将主体放在画面的中间,左右基本对称。 如图4-58所示,主体在画面的中间。

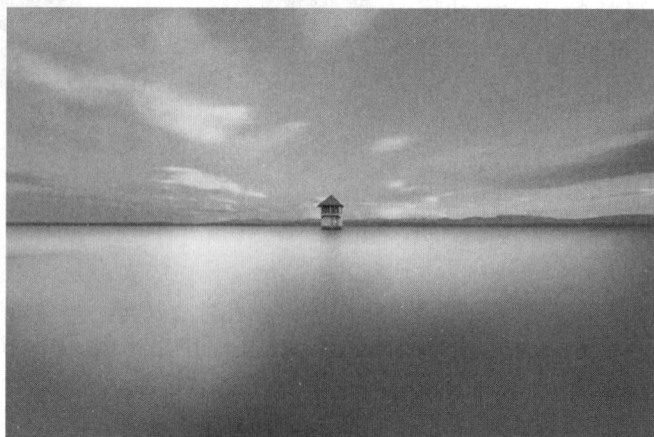

图 4-58　均分法

4.疏密相间法

当需要在一个画面中摆放多个物体进行拍摄时,取景的时候最好是让它们错落有致,疏密相间。如图 4-59 所示,多件物体的前后左右布局就比一字排开自然和美观得多,其中,有些被拍摄物体适当地相连或交叉,往往会让画面显得更加紧凑,主次分明。

图 4-59　疏密相间法

5.远近结合、明暗相间法

拍摄商品图片有时候需要带上点近景,或者隐隐约约保留一点颜色比较淡的远景,以增强立体感,表现出丰富的拍摄层次,如图 4-60 所示。画面色彩的变幻和明暗的跳跃,可以使照片不会因单调、呆板而显得过于平淡,但这样的远近和明暗层次也要使用得当,不多也不少,否则反而显得不协调。

图 4-60　远近结合、明暗相间法

【同步实训】

一、实训目的

本实训项目为电商创业之商品拍摄与美化。学生通过本项目的学习,能够掌握商品拍摄与美化的操作方法。

二、实训软硬件

1. 连接网络的电脑、智能手机等。
2. 相关实训软件。

三、实训分组

学生分组,并选出各组组长,以小组为单位针对实训背景进行操作。

四、实训背景

教师和学生布置水果类商品的室内拍摄环境(可以选取义乌的任意一种水果作为拍摄商品)。

五、实训任务

实训任务一　布置拍摄影棚

布置拍摄环境前,请学生思考并填写表4-4。

表 4-4　布置拍摄影棚前期准备

拍摄对象	室内拍摄水果类商品
环境要求	
准备物品	

实训任务二　布光

学生按照五种布光方式布光,观察不同布光方式的特点,并思考该种布光适合拍摄哪类商品,填入表4-5中。

表 4-5　不同布光方式及其特点

布光方式	特点	适合拍摄的商品
正面两侧布光		
两侧 45°布光		
单侧 45°不均衡布光		
前后交叉布光		
后方布光		

实训任务三　拍摄照片并进行美化

学生根据学习的知识内容,完成商品的拍摄,并运用 PS 软件进行美化。

最后,小组组内选出比较好的商品照片提交给实训教师,教师评选出优秀作品并展示、评价。

项目五　电商创业之网店开设

　　一个精致的网店会提高顾客驻留时间和购买欲,但对于新手或者创业者来说,网店开通和装修还是有一定难度的。那该如何入手呢? 本项目将主要介绍网店开通和装修的意义、工作内容和操作步骤等,带领读者开通并装修网店,开启网店创业的新征程。

学习目标

知识目标

1. 了解微网店店标、店招、首页、分类页和详情页装修对网店的意义;

2. 明确店标、店招、分类页和详情页设计时需要注意的事项。

能力目标

1. 掌握微网店的注册与开通方法;

2. 掌握网店取名原则;

3. 了解网店店招、首页、详情页的设计技巧;

4. 能够独立完成基础装修(店标、首页模块、Banner 图片、分类页设计、详情页设计)。

情感目标

通过对网店开通和装修的学习,强化自身的网上创业技能。

项目情景

　　小吴已经选择了网上创业平台开始微网店创业,现在将在网上创业平台开通自己的微网店。小吴将微网店开设工作分为网店开通和网店装修两部分。

任务分解

任务一　网店开通

　　小吴将网店开通工作分为前期准备和开通设置两部分。网店开通前期准备工作包括网店命名、店标设计等。

步骤一：微网店开通前期准备

一、微网店取名

在给微网店取名之前需要清楚自己所开微网店所属的行业与微网店的定位。结合行业、店铺特色,挑选冷门的字词为微网店取一个有个性、好听的名字。

小吴所选产品来自义乌本土,考虑到地方特色和微网店面对的消费人群,最终确定微网店名称为"义方红糖",一方面体现了产自义乌的地理特点,另一方面取自"一方红糖"的谐音,既好记又简洁。

二、微网店店标设计

微网店店标承载着微网店的无形资产,是传递微网店综合信息的媒介。在形象传播的过程中,店标是运用最广泛、出现频率最高的关键元素。

微网店的定位、经营模式、产品类别和服务特点,都被涵盖于店标中,通过不断地刺激和反复刻画,深深地留在受众心中。如图 5-1 所示为某微网店的店标。

图 5-1　某微网店店标

店标的设计过程就是抽象概括的过程。店标的原型来源归纳起来有四个方面:自然图像、文字、几何图形和前几个的组合,如图 5-2 所示。选择自然图像、文字、几何图形作为原型,其实各有利弊,自然图像记忆深刻,文字传播容易(尤其适用于网络搜索),几何图形应用范围广泛。

| 自然图像 | 文字 | 几何图形 | 组合 |

图 5-2   店标的原型来源

(一)收集制作店标所需素材

小吴根据微网店的定位、经营的品类,收集所需要的素材,图片格式为 GIF、JPG 或 PNG。

(二)利用图片处理软件制作店标

小吴选择自己熟悉的 Photoshop 工具来设计制作微网店的店标,如图 5-3 所示。网上创业平台店标尺寸为 200 像素×42 像素,格式为 PNG。

图 5-3   小吴设计的微网店店标

步骤二:微网店开通设置

微网店开通前期准备工作已经完成,小吴开始进行微网店开通设置。

一、"博星卓越"平台微网店开通设置

(1)用 PC 端浏览器打开网上创业平台,如图 5-4 所示,注册账户名称,设置密码,登录系统后台。

图 5-4   网上创业平台登录页面

（2）点击系统管理下方的"网站设置"，进入微网店设置页面，如图 5-5 所示。

图 5-5　微网店设置页面

（3）点击首页 Logo 后面的"上传"按钮，选择并上传前期设计的店标。

（4）填写热门搜索词组和客服电话，热门搜索栏填写店铺主营产品相关关键词，点击"保存信息"，完成微网店开通设置。

二、有赞平台微网店开通设置

小吴在"博星卓越"网上创业平台完成了店铺的开设，他想，如果选择其他平台，开设方法是否类同呢？于是小吴尝试着在有赞平台完成店铺开设。

（1）打开有赞官网首页，单击页面右上角的"注册"按钮，进入有赞账号注册页面，如图 5-6、图 5-7 所示。

图 5-6　有赞官网首页

图 5-7　注册页面

（2）完成账号注册后，进入登录界面，如图 5-8 所示。

图 5-8　登录界面

（3）进入创建店铺页面，选择合适的店铺类型，如图5-9所示。

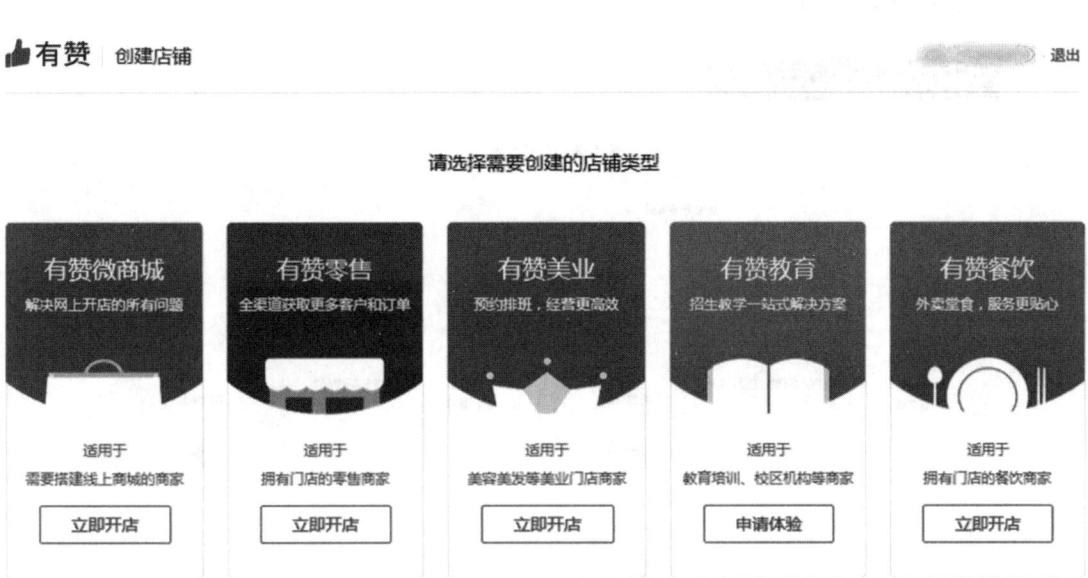

图5-9　店铺类型的选择

（4）小吴选择第一种类型，进入店铺经营信息的编辑页面，如图5-10所示。

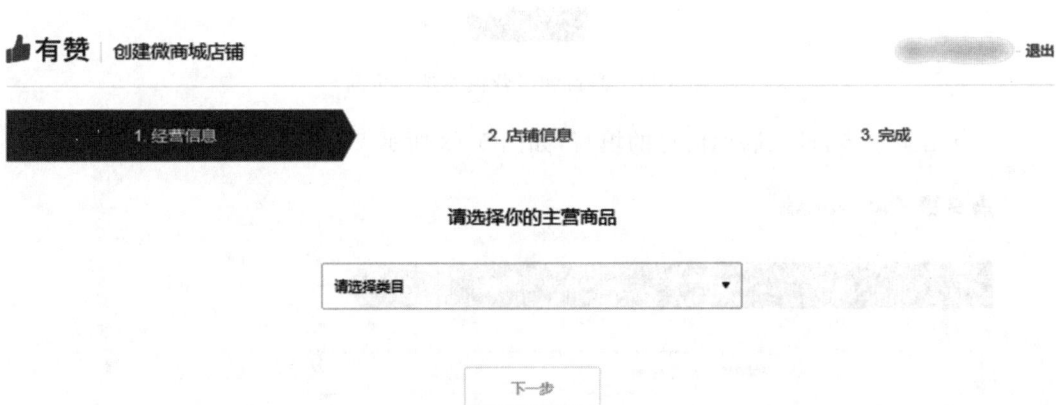

图5-10　信息编辑

（5）选择食品/综合食品的类目和电商经营模式，如图 5-11 所示。

图 5-11　类目和经营模式选择页面

（6）点击下一步，进入店铺信息的填写，如图 5-12 所示。

图 5-12　店铺信息填写页面

（7）完成店铺创建，如图 5-13 所示。

图 5-13　店铺创建成功

任务二　网店装修

为了让微网店更加美观和有个性，让客户留下深刻的第一印象，小吴接下来的工作就是装修。虽然平台提供了一些具有行业针对性的模板，但模板仅限于框架性和通用性功能，通常很难具象地展现企业文化和品牌形象，不利于提升用户对品牌和企业的识别度。为了让店铺的风格和品牌形象、企业文化更加匹配，需要对店铺进行装修。

有赞平台的网店装修分为网店首页、店铺导航、个人中心三大模块，如图 5-14、图 5-15、图 5-16 所示。

卖家可根据自己的需求对以上模块进行个性化装修，每个模块页面的右侧有"帮助中心"和"有赞服务"窗口，卖家可以实时查看或是咨询在线客服装修问题。小吴对有赞平台的网店装修有了一定认知后，他在网上创业平台上展开详细的装修设计工作。

图 5-14　网店首页装修模块

图 5-15　店铺导航装修模块

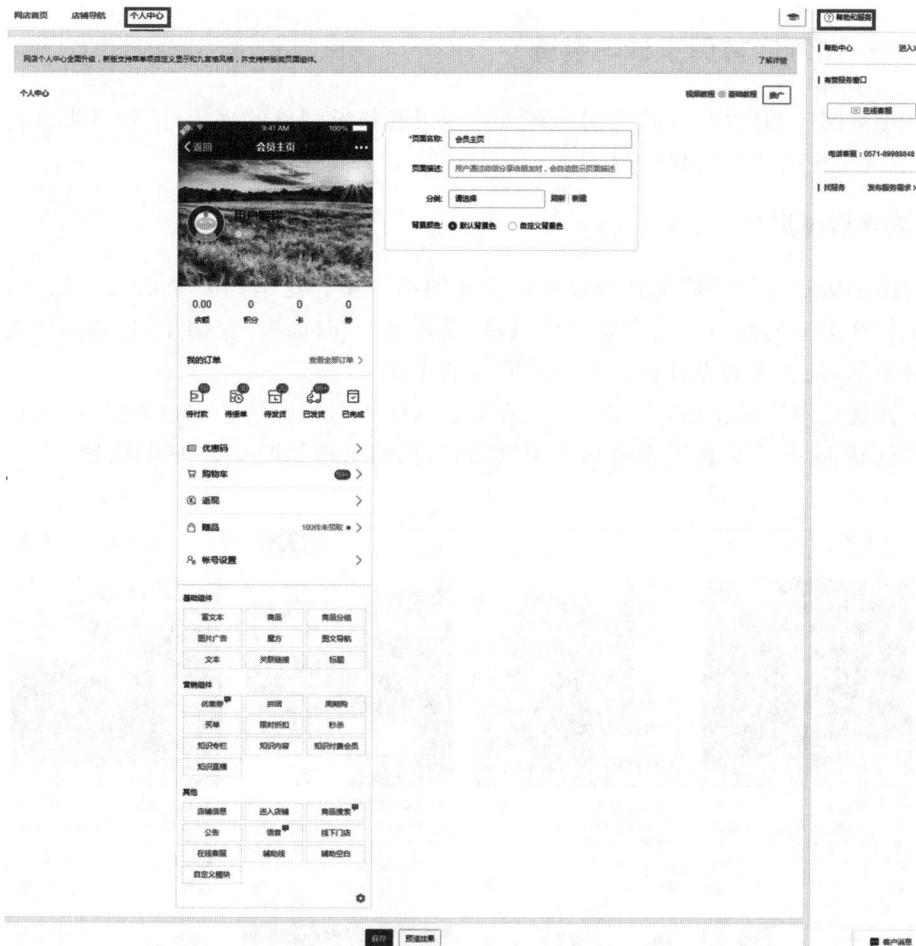

图 5-16　个人中心装修模块

　　微网店的装修代表了整个店铺的产品定位、产品信息以及店铺想要传达给消费者的信息。一个装修优秀的微网店必须有自己独特的风格，能够让客户在浏览微网店商品的同时，增加对微网店的印象。微网店装修主要包含以下几方面：首页设计、分类页设计、海报设计、详情页设计等。

✏️ **知 识 速 递**

微网店装修的目的

♣引入流量，提升品牌知名度；

♣给客户提供便捷，能简捷、快速地找到需要的商品；

♣让客户对店内销售情况有一个清晰的了解。

步骤一:微网店首页设计与装修

首页是微网店的门面,好的微网店首页可以引起粉丝浏览的兴趣,给粉丝带来良好的购物体验,最终实现高用户转化的目的。

一、确定店铺风格

明确微网店定位和装修的独特风格是设计的第一步。这里需要考虑以下几个问题:微网店是卖什么类型的商品? 适合怎样的风格,是可爱型、时尚型、温馨型,还是其他类型? 这一步想清楚了,接下来的设计就会有一个明确的思路。

小吴在确定网店风格前,去淘宝网上查看了其他类似店铺的装修色彩搭配,希望从中获取灵感和创新,于是小吴在搜索栏输入了"红糖",页面出现如图 5-17 所示店铺。

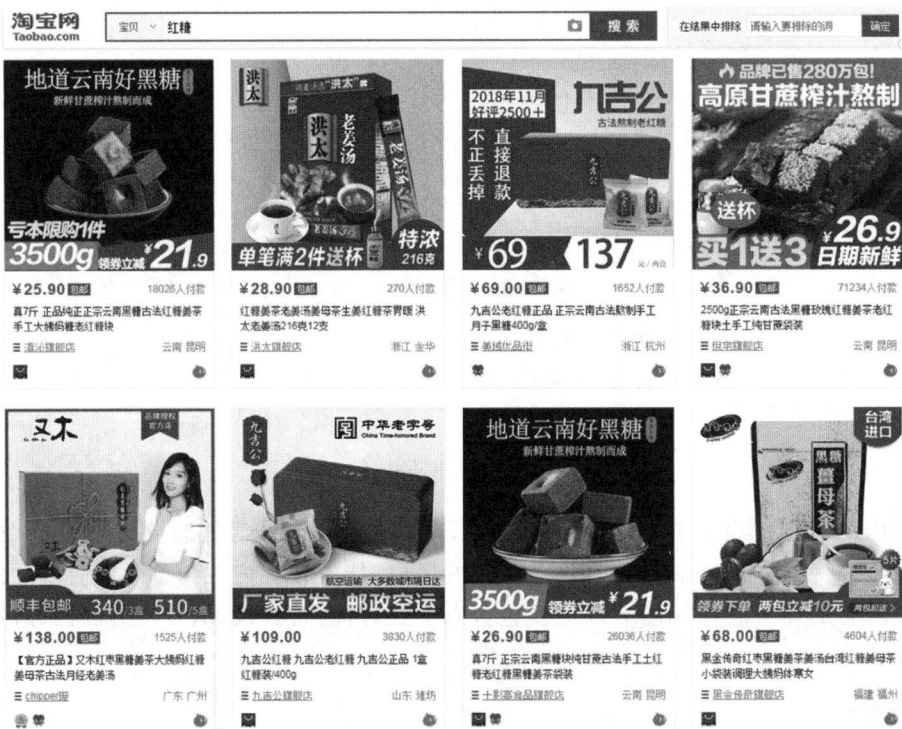

图 5-17　类似店铺

小吴选择其中两家店铺,并进入首页查看其整体装修风格,如图 5-18、图 5-19 所示。

从以上两家店铺的装修风格得出,色彩不宜选择过多,颜色搭配最好是与产品本色相呼应,突出主次,简洁明了。第一家店铺的装修风格突出的是"中国风",以红色为主色调,并与产品包装色相呼应,不显杂乱;第二家店铺装修风格突出的是"淡雅风",给人清晰、淡淡的舒服之感。

小吴结合经营的商品和经验等因素,确定"义方红糖"微网店的整体风格为简约型,装修主色调为黑、红色,辅色为黄色。

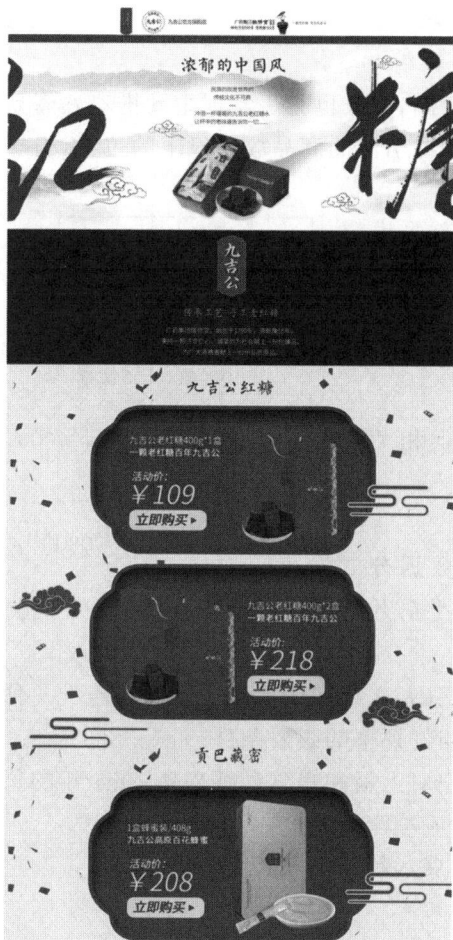

图 5-18　装修风格 1

图 5-19　装修风格 2

知识速递

店铺风格

　　微网店风格的选择关系到店铺经营的走向,同时与销量息息相关。应结合以下两点确定店铺的风格:

　　♣针对消费群体

　　针对不同的消费群体有不同的主题模板,一般来说插画风格、时尚可爱、桃心、花边等风格适合女装类店铺。

　　♣整体风格一致

　　从店标的设计到主页的风格,再到商品页面,应采用同一色系,最好有同样的设计元素,让网店有整体感。

二、设计首页模块

纯粹的商品堆砌,不仅客户无法快速找到想要的商品,商家也无法实现主动推荐好商品的目的。而微网店装修让小吴有更多的主动权,将热销或引流的商品放到显眼的位置,引导用户购买,提高店主不在线时的下单率。

微网店首页以新品或爆款推荐为主,小吴设计的首页模块如图 5-20 所示。他的设计思路是简单、直接、明了,简单直接地展示活动与产品专区;不需要烦琐的细节描述,不需要消费者太多的计算。

(1)横幅广告上可以是一些推荐新品、爆款的内容。

(2)建立折扣专区尽可能地多曝光商品,比如大促相关活动商品、新用户专享活动商品等。

(3)宝贝推荐模块——新品推荐专区。

商品陈列模块第一区:以爆款为主。需要通过数据分析,将全店最受客户喜爱的产品放在首页。当然,对于新开的店铺也可把店铺主推款放置于此。

商品陈列模块第二区:促销商品。促销商品的吸引人之处在于它的价格,给客户一种"不买可惜"的感觉。当然,商品品质也是保证回头客与好评率的必要条件。

商品陈列模块第三区:重点展示新品。手机端用户对上新和爆款最感兴趣,在全年的每季活动中,季节性营销效果最好,季节性营销强调的是应季产品。

小吴决定在"义方红糖"微网店宝贝推荐模块主要展示新品。

横幅广告 750像素×360像素
折扣专区
上:210像素×285像素
下:330像素×165像素
新品推荐 160像素×210像素

图 5-20 小吴设计的微网店首页模块

✏️ **知识速递**

微网店装修七大原则

1.微店铺要能够做到快速打开;

2.信息一定要简洁、可快速传播;

3.设计主体和店铺风格相结合,首尾呼应;

4.保持常换常新;

5.便于快速读取信息,控制文字大小,以图片为主;

6.结构分类要明晰,模块划分要清晰;

7.色彩要鲜亮。

三、设计横幅广告(Banner)图片

(一)Banner 设计

Banner 模块可以是微网店宣传海报、微网店活动信息,也可以是特定产品海报。微网店宣传海报要体现微网店风格及定位,内容以品牌宣传为主;特定产品海报可以是爆品推

荐,也可以是配合活动的单品推荐,凸显核心内容为产品卖点或产品优惠力度。

✏️ **知识速递**

Banner 类型

1. 营销专题 Banner

2. 品牌形象 Banner

3. 专题活动 Banner

4. 单品促销 Banner

5. 搭配套餐 Banner

常见的 Banner 版式有以下几种:①左图右文;②左文右图;③两边图中间字;④多图(图 5-21)。

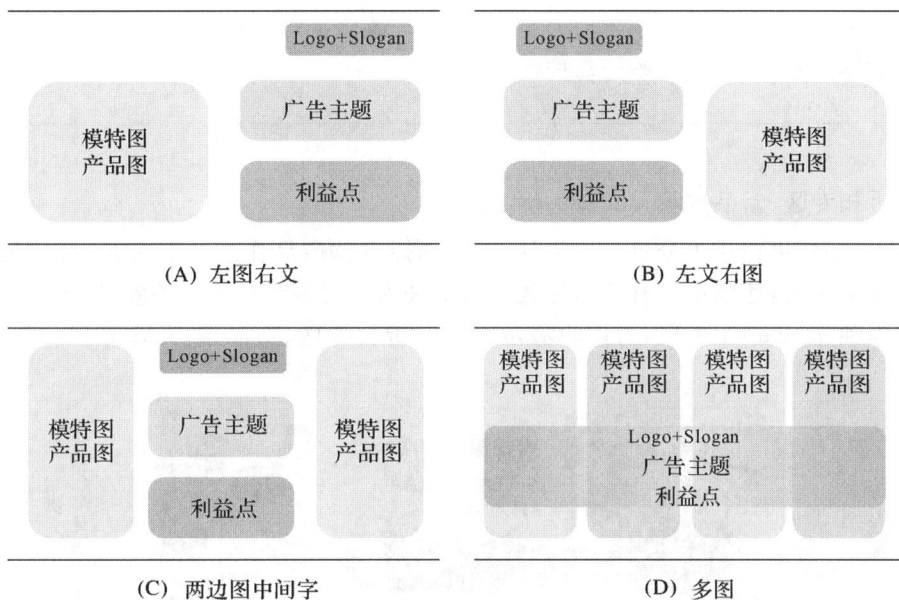

图 5-21　Banner 版式

1.确定 Banner 主题

为了吸引更多新客户,回馈老客户,"义方红糖"在 12 月份将举办促销活动,小吴确定 Banner 模块主要推荐促销活动的几款单品。

2.设计制作 Banner 图片

设计 Banner 图片时,应注意整体风格要符合所表现的商品特性,要突出专题活动主题。

手机屏幕较小,浏览信息受限,客户不会对一个页面做过多停留,更不会细细研读各种文案细节。Banner 图片设计原则依旧是文字清晰、内容简洁,尽量阐述单一诉求。

Banner 图片尺寸为 750 像素×360 像素,如图 5-22 所示。

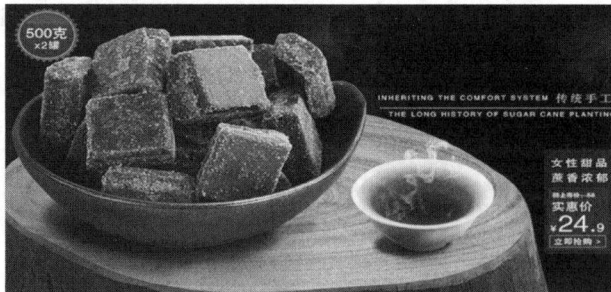

图 5-22　小吴设计的 Banner 图片

知识速递

促销图片设计要求

♣ 紧张气氛；　　♣ 活动力度；　　♣ 降低顾虑；

♣ 诱导因素；　　♣ 行动按钮。

(二)折扣专区、新品推荐 Mini Banner 设计

Mini Banner 可以作为分流入口设计，可以选择爆款产品作为画面主题，目的是吸引客户点击进入承接页，达到让其看到图片就想点击进入查看该模块产品的效果；也可以像焦点图一样作为独立 Banner 出现，为用户展示产品。折扣专区、新品推荐 Mini Banner 如图 5-23 所示。

图 5-23　折扣专区、新品推荐 Mini Banner

四、实施装修首页

"义方红糖"微网店首页模块和 Banner 图片已经设计完成，接下来小吴在网上创业平台装修"义方红糖"首页。

(一)上传 Banner 图片

(1)登录网上创业平台，点击"首页管理→图片切换"进入 Banner 编辑模块，如图 5-24 所示。

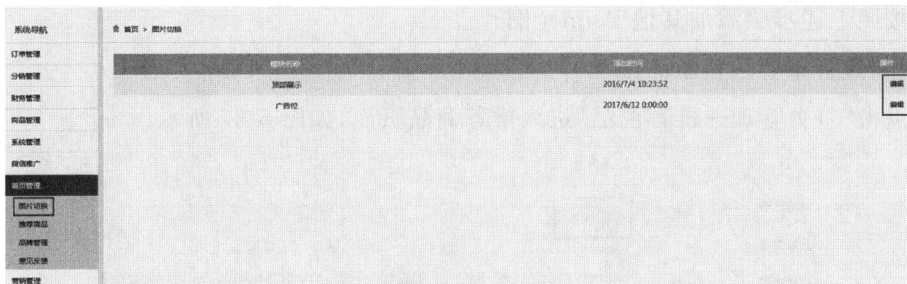

图 5-24　Banner 编辑模块

（2）点击右边的"编辑"按钮，进入创建页面，点击"创建"按钮，进入创建图片页面，如图 5-25 所示。

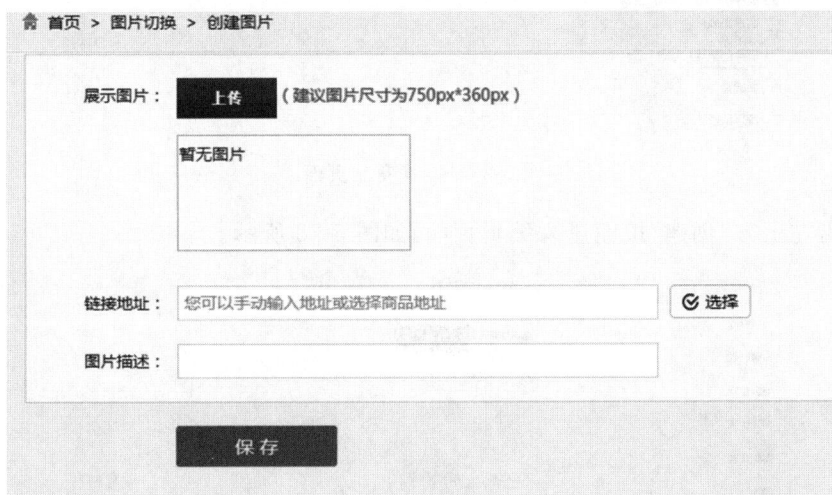

图 5-25　创建图片

（3）点击"上传"按钮，选择之前设计的 Banner 图片，添加图片描述，完成之后点击"保存"，如图 5-26 所示。

图 5-26　上传 Banner 图

（4）按照上述步骤添加其他 Banner 图片。

（二）创建折扣专区和新品推荐

（1）点击"首页管理→推荐商品"进入推荐商品页面，如图 5-27 所示。

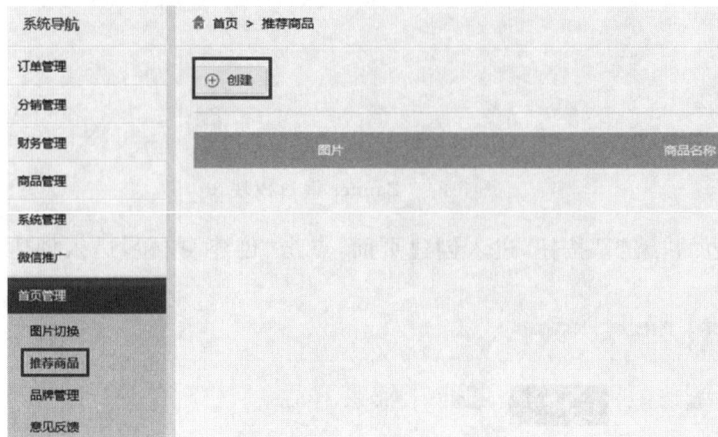

图 5-27　推荐商品页面

（2）点击左上方"创建"按钮进入编辑页面，如图 5-28 所示。

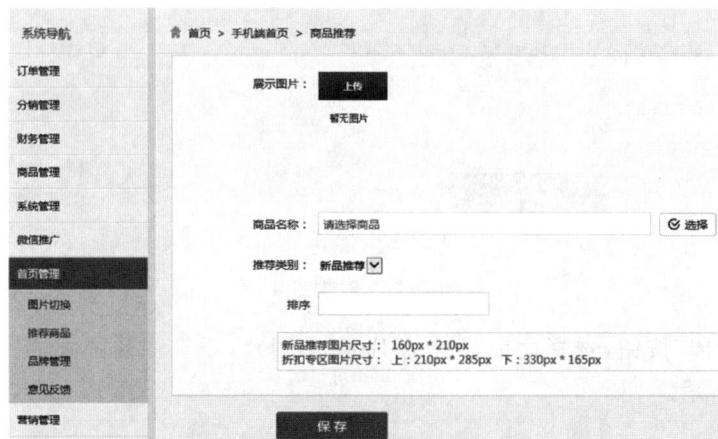

图 5-28　创建推荐商品

（3）点击"上传"按钮，选择前期设计的促销活动 Banner 图片。选择链接商品，推荐类别选择为"折扣专区"，如图 5-29 所示。

这里需要注意图片的尺寸与排序，尺寸为 210 像素×285 像素，排序为"1"；尺寸为 330 像素×165 像素，排序为"2"。依次创建折扣专区的 2 个 Banner 图片信息。

（4）点击"上传"按钮，选择前期设计的新品图片。选择链接商品，推荐类别选择为"新品推荐"，如图 5-30 所示。依次排序即可，完成之后点击"保存"按钮，然后按照前面描述的操作步骤创建新品推荐专区其他商品信息。新品推荐专区的图片尺寸为 160 像素×210 像素。

最后进入微网店的首页，检查首页布局及信息，如果发现错误，及时在后台进行修改。

图 5-29　创建活动专区

图 5-30　新品推荐区

步骤二:微网店分类页设计与装修

设计并制作微网店分类页,一方面方便店主管理,另一方面便于客户选购商品。微网店的分类导航,在微网店分类页的左侧,用来显示商品的分类。图 5-31 为某微网店的分类页。

商品的分类有文字和图片两种链接方式,如图 5-32 所示。导航是颜色和大小不能改变的图片链接,如果要快速吸引客户的目光,就需花时间将每项类目制作成图片。因此,小吴首先要将商品归类整理出来,然后设计分类图标,最后在网上创业平台添加商品分类,完成分类页的装修工作。

一、整理商品分类

微网店商品可根据商品包装、功效、特性等多种元素进行分类,具体可根据店铺商品而定,同时还要将商品的类别达到精准化、精细化。

"义方红糖"微网店的主要经营商品有红糖、红糖酥饼、红糖麻花、红糖姜茶等。小吴按

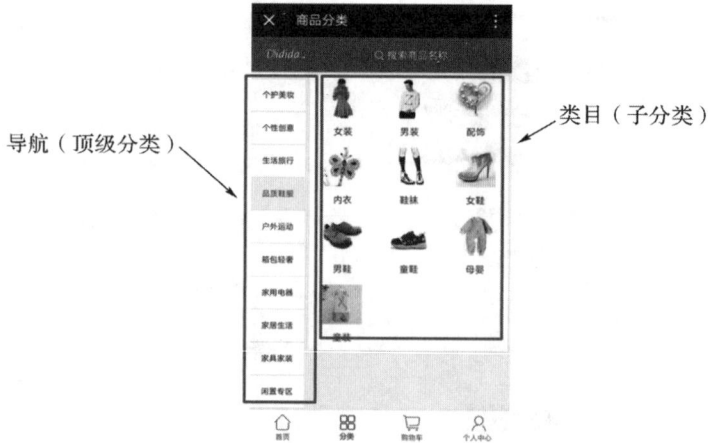

图 5-31　某微网店的分类页

图 5-32　图片和文字商品分类

照商品的用途将商品进行了归类整理，见表 5-1。

表 5-1　"义方红糖"微网店商品分类

顶级分类（导航）	子分类	商　品
食品饮料	红糖	红糖块、红糖粉、老红糖、土红糖
	品质黑糖	手工黑糖、玫瑰黑糖
	糖品小吃	红糖麻花、麦芽糖、红糖酥饼、麻糖、姜糖
	姜茶	红糖老姜汤、黑糖姜茶

✏️ **知识速递**

商品分类

　　商品分类就是根据一定的目的，为满足某种需要，选择适当的分类标志或特征，将商品集合体科学地、系统地逐次划分为不同的大类、中类、小类、品类或类目、品种乃至规格、品级、花色等细目的过程。

二、设计分类图标

　　（1）搜集与商品类目有关的图片。

　　分类图标有两种形式，一种是产品实物图，另一种是与产品相关的矢量图。小吴根据店铺的整体风格选择产品实物图作为分类图标。获取图标的途径有两种，一种是通过网络搜索与产品相似的小图标，如图 5-33 所示，另一种是使用店铺内的产品素材图。为了让产品链接更贴合店铺，小吴选择了第二种，并使用 Photoshop 对素材图进行简单处理。

图 5-33　网络资源

　　（2）在 Photoshop 中打开素材图片，调整图片尺寸大小为 150 像素×150 像素。小吴设计的"红糖"类目的分类图标如图 5-34 所示。

　　（3）保存图片，图片格式为 JPG、JPEG、PNG。

　　小吴按照同样的方法设计完成其他几类商品的分类图标，如图 5-35 所示。

图 5-34　"红糖"分类图标

图 5-35　商品分类图标

知识速递

分类图标的设计风格应与微网店的整体风格保持一致。

三、添加商品分类

(1)登录"博星卓越"平台,进入"商品管理"页面。

(2)添加导航(顶级分类)。

点击"分类管理"下的"添加分类",出现添加顶级分类页面,如图5-36所示。小吴添加顶级分类"食品饮料"、排序为1,状态选择"可用"。填写完成,点击"保存信息"。

图5-36 添加顶级分类

(3)添加商品类目(子分类)。

选择顶级分类"食品饮料",点击"添加分类",出现设置子分类页面,如图5-37所示。输入子分类名"红糖"、排序"1",上传设计好的分类图标,状态选择"可用",完成之后点击"保存信息"。之后依次添加子分类名"品质黑糖、糖品小吃、姜茶"。注意:子分类的排序依次编号,不能重复。

步骤三:商品详情页设计

在设计商品详情页之前,小吴首

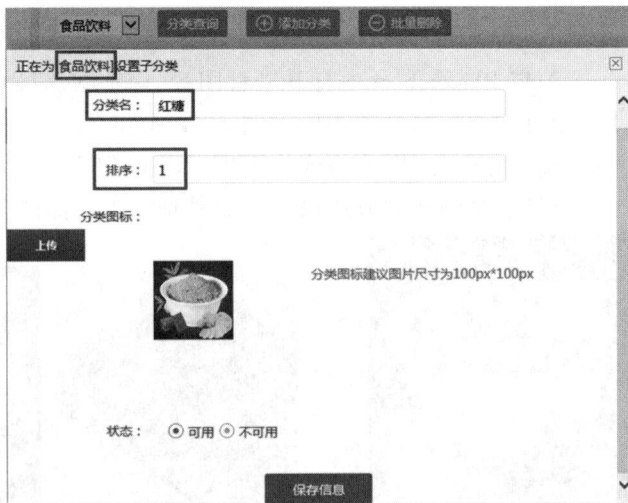

图5-37 "添加分类"页面

先需要认识商品详情页设计的基本规范。手机端最佳的图片规范:宽度为480～620像素,高度不大于960像素,格式为JPG、GIF、PNG。制作的时候,宽度一般用520像素,这样兼顾大屏和小屏手机。最佳的文字设计规范:当需要在图片上添加文字时,汉字大于等于30磅,英文字母和阿拉伯数字大于等于20磅;当需要添加的文字较多时,建议使用纯文本的方式编辑,这样看起来更清晰。

小吴在简单地了解了商品详情页设计的基本规范之后,继续学习微网店宝贝详情页的设计方法。

一、微网店宝贝详情页设计

小吴设计的宝贝详情页概况如图5-38所示。第一屏为商品海报图,突出商品卖点和优势,遵循FAB法则的前两项FA。第二屏为商品属性信息和规格说明,第三屏为商品细节展示,这两屏以商品细节及参数等信息消除客户购买顾虑。第四～六屏为商品模特图片和实物图片,仍遵循FAB营销法则。

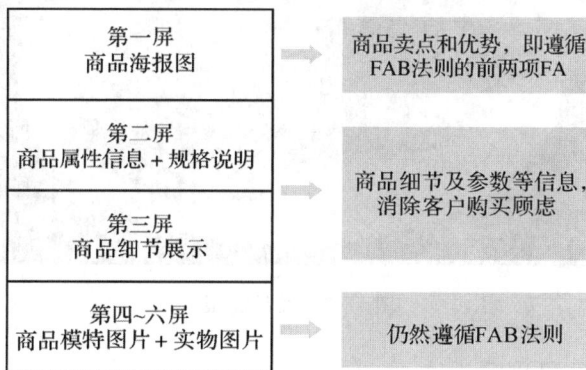

图5-38　宝贝详情页概况

知识速递

鉴于客户不能真实体验商品,商品图文说明应当从客户的角度出发,关注最重要的几个方面,并不断强化,以打消客户的消费顾虑。

1.商品图文说明应达到以下几个目的:①引发客户兴趣;②激发潜在需求;③赢得客户信任;④替客户做决定。

2.遵循以下原则:①文案要运用情感营销引发共鸣;②对于卖点的提练要简短易记,并反复强调和暗示;③运用好FAB(Feature、Advantage和Benefit,属性、优势和益处)法则。

3.详情页的字体设计要注意三点:①笔画清晰;②字数精简;③大小适当。

4.详情页图片展示设计三大原则:①放大细节;②多角度展示;③图文并茂。

下面详细介绍小吴设计的一款土红糖的商品详情页。

(一)海报图设计

海报图分为两种:风格海报和卖点海报。风格海报主要体现的是店铺或产品风格,卖点海报主要突出产品卖点。

因为是新店,为了突出优势,增强产品的可信度,留住客户,小吴在商品详情页开始的海报图处介绍产品品牌,如图5-39所示,图片上半部分突出该品牌的主色调,展示名称和标语,下部分为产品图片。

图 5-39　商品海报

(二)产品属性信息和规格

展示产品属性信息和规格容易让客户了解产品,也大大减少了客服人员的工作量。小吴在这里主要展示了这款红糖的产品参数,如图5-40所示。

图 5-40　产品参数

这里该注意两点:文字精简清晰;图文重点突出。

(三)产品及细节展示

为了让顾客更加清楚、全面地了解该款红糖,小吴在这里展示商品的细节和包装,如图5-41所示。

至此,微网店的店铺首页装修完成,如图5-42所示。

图5-41　产品展示

图5-42　店铺首页装修效果图

【项目总结】

本项目介绍了微网店开通前期准备工作,微网店开通设置,首页、分类页和商品详情页的设计与装修。读者需要熟悉微网店装修的目的。这一部分的难点是首页模块的设计,读者重点掌握首页 Banner 图片、商品详情页的设计。通过本项目的学习和实践操作,使读者具备微店开通、装修优化的能力。

【相关知识】

一、微网店宝贝详情页的设计思路

1. 三秒注意力

看图说话是网络销售的原则,现在是注意力经济时代,产品页面设计需要达到三秒获得关注,吸引客户留下来继续浏览。商品详情页必须以图片为主,精简文字为辅。

手机浏览的连贯性不如 PC 端,且客户停留时间短,所以商品详情页必须简单直接。在手机端商品详情页设计中的前三屏必须是产品卖点和重要信息,不能有烦琐的其他关联信息。

所有产品重点信息不能超过第三屏,在前三屏一定要展示完毕,否则没有办法让客户产生购买欲望。

2. FAB 法则

FAB 是一种演讲或营销法则。FAB 是 Feature、Advantage、Benefit 的首字母缩写。Feature,重点提炼产品特色、特征、特点,再辅以文字说明,用户可以很方便地了解产品信息。Advantage,重点描述与其他同类产品相比,本商品所具有的优势、优点,比如在设计上将重要的数据提炼出来,使客户更容易识别本商品。Benefit,即给买家带来的利益。

3. 模特展示图

模特展示图要少而精。手机端模特展示图不能像 PC 端一样重复较多的正侧面模特图,或是各种颜色分类的模特图。PC 端会把页面做得很长,而移动端页面要做到精简、精选。

4. 实拍展示图

要实拍展示图,并精选细节图。

5. 品牌背书或者公司简介

品牌或者公司介绍可以帮助消除客户对购买产品的疑虑,增强产品的可信度。

二、微网店取名原则

微网店取名原则:简、准、独、新、高、亮。

★简:是指名字单纯,简洁明了,容易和消费者进行信息交流,而且名字越短就越能引起公众的遐想,含义更丰富。

★准:是指店铺名称要和店铺的市场定位、主营商品、服务宗旨、经营目标等相和谐,以有助于店铺形象的塑造。

★独:是指名称应具备独特的个性,力戒雷同,避免与其他店铺混淆。

★新:是指名称要有新鲜感,赶上时代潮流,创造新概念。

★高:是指名称要有气魄,起点高,具备冲击力和浓厚的感情色彩。

★亮:是指名称要响亮,容易上口,难发音和音韵不好的字都不可做名称。

【同步实训】

一、实训目的

本实训项目为电商创业之网店开设。学生通过本项目的学习,能够掌握网店开设和网店装修的操作方法。

二、实训软硬件

1.连接网络的电脑、智能手机等。

2.相关实训软件。

三、实训分组

学生分组,并选出各组组长,以小组为单位针对实训背景进行操作。

四、实训背景

实训开始前,请学生进入"博星卓越"网上创业平台,注册添加商户。

五、实训任务

实训任务一　微网店开通前期准备

根据上述学习内容,请学生为自己的微网店取名、设计店标和店招,填入表5-2中。

表5-2　微网店开通前期准备

微网店名称			
店标原型来源		店标尺寸	
店招功能		店招尺寸	

实训任务二　网店装修

1.请学生为自己的微网店进行首页模块设计。完成模块设计之后,设计 Banner 图片,并在网上创业平台进行微网店首页装修。

2.请学生将自己选择的商品进行分类管理,分类结果填入表5-3中。设计分类图标,在网上创业平台添加分类。

表 5-3　创业商品分类管理记录表

商品分类标志	
分类	商品

3.选择一款商品，为其设计商品详情页。请将设计思路和内容填入表 5-4 中。

表 5-4　商品详情页设计思路和内容

商品		
商品详情页设计思路		
商品详情页设计内容	海报图	（绘制）
	产品属性信息和规格	（编写）
	产品及细节展示	

项目六　电商创业之营销推广

本项目主要讲述微信公众号的基本设置、图文消息的编辑、内容推广方式以及活动策划方案、活动实施、活动效果监控等几个方面,旨在进一步提升读者微网店经营能力,使读者能够独立推广微网店并策划营销推广活动。

学习目标

知识目标

1.了解微信公众号的基本设置;

2.理解微信公众号图文消息的编辑要点;

3.明确微信公众号的推广流程及主要推广方式。

能力目标

1.能够利用微信公众号完成微网店推广工作;

2.熟练掌握活动方案的策划技巧;

3.掌握营销活动的实施技巧;

4.具备活动效果监控及分析的能力。

情感目标

通过学习微网店的营销推广方式,培养学生团结协作的精神。

项目情景

"义方红糖"微网店已经开通并装修完成,接下来小吴需要完成微网店的营销推广工作。考虑到创业初期,要控制推广成本,还要有良好的推广效果,小吴把微网店的推广工作集中在微信公众平台上,通过微信公众平台将标志性的微网店商品与追求节日喜庆氛围的消费者产生情感连接,通过促销、抽奖等相关活动带动商品的销售。

任务分解

任务一　社交媒体推广

在微信公众平台上可以与特定群体通过文字、图片、语音、视频等进行沟通、互动。微信公众号是现今一种新型营销推广方式,利用好公众号能大大地提升商家的知名度,最终提高成交量。

接下来,小吴将完成微信公众号的基本设置与图文信息的编辑。

步骤一:微信公众号基本设置

一、微信公众号类型选择

微信公众号是开发者或商家在微信公众平台上申请的应用账号。通过公众号,商家可与特定群体进行文字、图片、语音、视频等的全方位沟通、互动。

选择哪种类型的公众号,完全取决于企业的情况和需要。小吴首先对公众号的类型进行了了解,目前微信公众号主要有四种类型:订阅号、服务号、小程序、企业微信(企业号)。通过对这四种类型账号的对比,如表 6-1 所示,小吴发现服务号更适合目前店铺的运营现状,服务号能够帮助其快速打造全新的公众号营销平台。

表 6-1　公众号各类型比较

项目	服务号	订阅号	小程序	企业微信
面向人群	面向企业、政府或组织,对用户进行服务	面向媒体和个人提供一种信息传播方式	个人、企业、政府、媒体或其他组织的开发者	面向企业、政府、事业单位和非政府组织,实现生产管理、协作运营的移动化
消息显示方式	出现在好友会话列表首层	折叠在订阅号目录中	出现在好友会话列表首层	出现在好友会话列表首层
消息次数限制	每月主动发送消息不超过 4 次	每 24 小时群发一次	—	每分钟可群发 200 词
验证关注者身份	任何微信用户扫码或者搜索即可关注	任何微信用户扫码或者搜索即可关注	任何微信用户扫码或者搜索即可关注	通讯录成员可关注
消息保密	消息可转发、分享	消息可转发、分享	消息可转发、分享	消息可转发、分享,支持保密消息,防成员转发
高级接口权限	支持	不支持	支持	支持
制定应用	不支持,新增服务号需要重新关注	不支持,新增服务号需要重新关注	支持,可根据需要制定应用	可根据需要制定应用,多个应用聚合成一个企业号

二、注册并认证微信公众号

通过电脑登录微信公众平台官网(http://mp.weixin.qq.com/),点击右上角的"立即注册",如图 6-1、图 6-2 所示。

选择注册的账号类型,这里选择服务号,填写注册邮箱,设置公众号登录密码,登录邮箱查看邮件,并激活公众号,如图 6-3 所示。

图 6-1　微信公众平台

图 6-2　进入立即注册页面

按照提示,依次完成信息登记即可。

三、微信公众号基本设置

完成了微信公众号的申请后,小吴进行微信公众号的基本信息设置。

(一)头像

就像使用微信的个人用户一样,公众号也需要一个代表企业或公众形象的标识(头像)。公众号头像会让用户在第一眼认出你。大多数公众号会使用企业的 Logo 作为头像。一方面,基于企业在线下的知名度与影响力,便于用户在会话列表及搜索结果中快速识别;另一方面,在微信公众平台的运营过程中也会让企业 Logo 为客户所熟知。

登录微信公众平台后,就可以看到公众号的操作后台,选择页面左下方"设置"栏目的"公众号设置",如图 6-4 所示。

打开公众号设置页面,就可以看到头像修改栏目,小吴选择了"义方红糖"的 Logo 作为微信头像,如图 6-5 所示,阅读修改协议并根据提示进入下一步。在打开的文件中选择头像图片,然后点击"确定"按钮即可显示头像。

1 基本信息 —— 2 选择类型 —— 3 信息登记 —— 4 公众号信息

每个邮箱仅能申请一种帐号 ⓘ

邮箱

激活邮箱

作为登录帐号，请填写未被微信公众平台
注册，未被微信开放平台注册，未被个人
微信号绑定的邮箱

邮箱验证码

激活邮箱后将收到验证邮件，请回填邮件
中的6位验证码

密码

字母、数字或者英文符号，最短8位，区分
大小写

确认密码

请再次输入密码

☐ 我同意并遵守《微信公众平台服务协议》

注册

图 6-3　微信公众号注册界面

1 修改头像 —— 2 确定修改

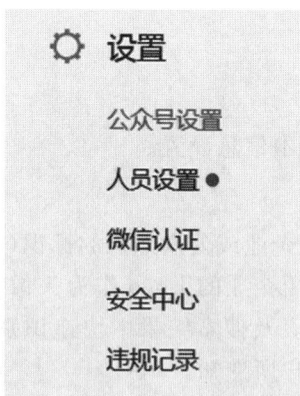

图 6-4　公众号设置

确定将头像改为以下：

方形头像
微信聊天中使用

圆形头像
微信公众号资料页使用

上一步　　确定

图 6-5　微信公众号认证流程

(二)二维码

上传头像后,系统会自动生成二维码,如图 6-6 所示。如图 6-7 所示,微信公众平台提供了多种尺寸的二维码图片以供下载使用。在做二维码营销的时候,选择合适尺寸的二维码,可以达到最佳的展示效果。

图 6-6　义方红糖
公众号二维码

二维码边长(cm)	建议扫描距离(米)	下载链接
8cm	0.5m	⬇
12cm	0.8m	⬇
15cm	1m	⬇
30cm	1.5m	⬇
50cm	2.5m	⬇

二维码尺寸请按照43像素的整数倍缩放,以保持最佳效果

图 6-7　二维码尺寸表

(三)微信号

微信号是登录微信时使用的账号,支持 6～20 个字母、数字、下划线和减号,注意必须以字母开头。微信号尽量设置成汉语拼音全称,尽量不要用汉语拼音首字母缩写。如图 6-8 所示,这里小吴把"义方红糖"的微信号设置为"yifanghongtang"。设置好后,用户可以通过微信号搜到该服务号,方便用户查找并关注。

(四)介绍

内容运营是微信运营的核心,所以内容介绍一定要突出商品的差异化或服务定位。

人们热衷于追求原生态、回归自然的食物,小吴抓住这样的消费心理,从食品风味、店铺特色出发,打出"回归自然"的旗号,将介绍内容设置为"足不出户可尝尽义乌自然味,除掉奢华的修饰、色素的添加、工业的污染,享受回归自然的购物体验"。

微信号	yifanghongtang
类型	服务号 类型不可变更
介绍	义乌特色

图 6-8　微信号的设置

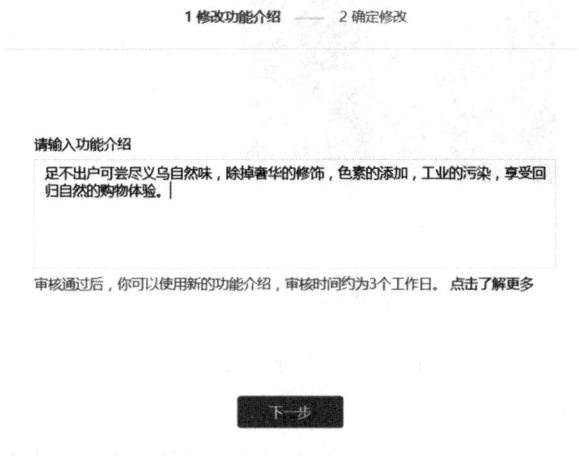

点击"公众号设置",在账号详情页面中点击"介绍"进行功能介绍修改,如图 6-9 所示,修改结果如图 6-10 所示。

1 修改功能介绍 —— 2 确定修改

请输入功能介绍

足不出户可尝尽义乌自然味,除掉奢华的修饰,色素的添加,工业的污染,享受回归自然的购物体验。|

审核通过后,你可以使用新的功能介绍,审核时间约为3个工作日。 点击了解更多

下一步

图 6-9　功能介绍修改页面

微信号	yifanghongtang
类型	服务号 类型不可变更
介绍	足不出户可尝尽义乌自然味，除掉奢华的修饰，色素的添加，工业的污染，享受回归自然的购物体验。

图 6-10　功能介绍页面

(五)功能设置

功能设置包括三个部分，小吴目前对两个部分进行了设置，如图 6-11 所示，一是隐私设置，允许用户通过名称搜索到本服务号；二是使用微信号作为图片水印，如图 6-12 所示，便于日后推广。

图 6-11　功能设置页面

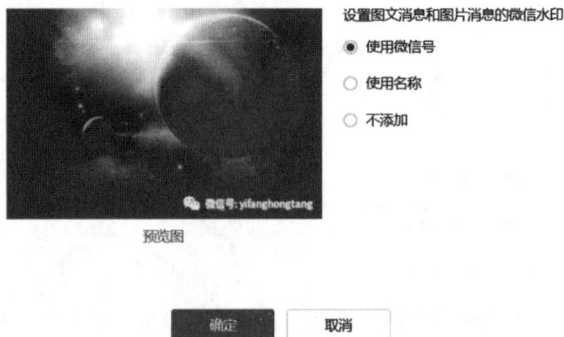

图 6-12　图片水印设置页面

(六)添加功能插件

微信公众平台，申请成功之初只包括平台的基本功能，如群发功能、关键词回复、用户消息回复、被添加回复、自定义菜单等。当需要丰富公众号功能与体验时，就需要后续添加对应的插件类功能来完成。每个公众号都可以在添加功能插件页面看到该账号能申请的所有功能。

登录微信服务号后台,点击"添加功能插件",选择需要添加的功能插件,点击"开通",即完成了该功能插件的添加,如图 6-13 所示,小吴为服务号添加了"卡券功能"等功能插件。

图 6-13 添加功能插件页面

知识速递

常用插件及其作用

★群发功能:向关注公众号的用户群发文字、图片、图文、语音、视频等消息。

★自动回复:设置特定的回复内容和关键词回复内容。

★可设置投票调查工具,并且可以对投票调查数据进行管理。

★卡券功能:一般适合服务行业,比如餐饮行业有发放会员卡的需求,通过会员卡进行会员管理,达到用户二次消费的目的。

★客服功能:一个公众号多个客服同时服务,给用户提供更及时、更好体验的客服服务。

四、微信自定义回复设置

微信相比其他社交工具,更注重交流,若用户的问题不能即时得到回复就会降低他们对公众号的好感度,设定适当的自定义回复可以避免这种尴尬,实现自动非人工干预下的回复。微信自定义回复主要包括关注时回复和关键词回复。接下来,小吴对这两种回复进行了具体的内容设置。

(一)设置关注时回复

微信公众平台不仅提供了常规的对话服务,还在普通微信账号的基础上提供了"人工智能"的消息响应功能,如被关注时自动回复,该功能就类似于客服系统,当有用户关注该微信时,系统自动对其进行回复问候,这样不仅可以友好地告知用户已关注该公众号,同时也可以将此处的回复内容设置为对公众号的介绍,使用户更加了解所关注的账号。

在微信公众平台设置关注时回复后,粉丝在关注微信号时,会自动发送提前设置好的文字、语言、图片、录音给粉丝。

设置方法:进入微信服务号后台,点击"自动回复"按钮,在自动回复编辑页面,开启"编辑模式",即可编辑关注时回复内容,如图 6-14 所示。

图 6-14　自动回复编辑页面

考虑到操作的便捷性与账户安全性,小吴决定在网上创业平台完成关注时回复的设置。登录网上创业平台,点击"网站设置",进入"网站设置"页面,点击"关注时回复",如图 6-15 所示。

图 6-15　关注时回复内容编辑页面

选择回复类型。目前有三种回复类型,即单图文回复、多图文回复、文字回复,如图6-16 所示。

小吴选择了"文字回复"类型,编辑消息名称及消息内容,即完成了"关注时回复"的

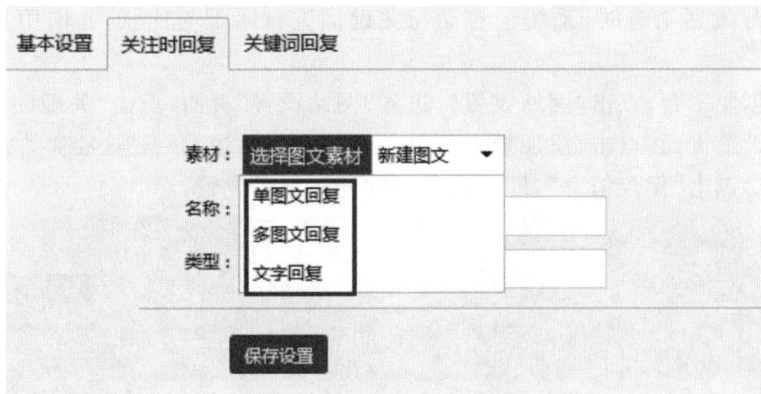

图 6-16　回复类型选择

设置。

在设置自动回复时,应避免给用户造成"机器人"形象,可以趁机推送一些精彩内容,设置一些选项来吸引用户回复,参与互动,如图 6-17 所示。小吴在关注回复的消息中添加了"幸运大抽奖"的活动内容,并附带了引导互动的关键词,如回复"1",可以了解发货详情,回复"2",了解包邮详情等,并引导用户与"在线客服"进行沟通。最终显示效果如图 6-18 所示。

图 6-17　关注回复设置

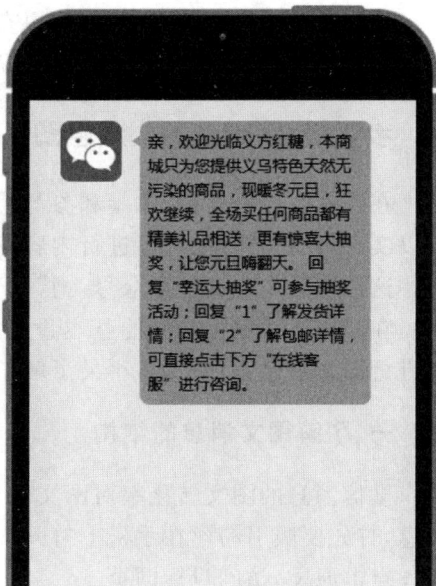

图 6-18　最终效果

(二)设置关键词回复

关键词回复是微信公众号的一大特色,它可以做到类似智能化的人机交互。通过简单的关键词设置,使公众号可以全自动与粉丝进行互动。

其原理是通过设置一些关键词,并且对关键词进行匹配,设置与其相匹配的回复内容,当用户对公众号发送消息时,系统会自动与关键词进行匹配与比较,并向用户回复相应的信息。

登录网上创业平台,点击"网站设置",进入"网站设置"页面,点击"关键词回复",即可进入关键词回复设置页面,点击"添加规则",如图 6-19 所示,填写"规则名""关键词""回复内容"三部分内容,点击"保存信息",即完成了关键词回复的设置。

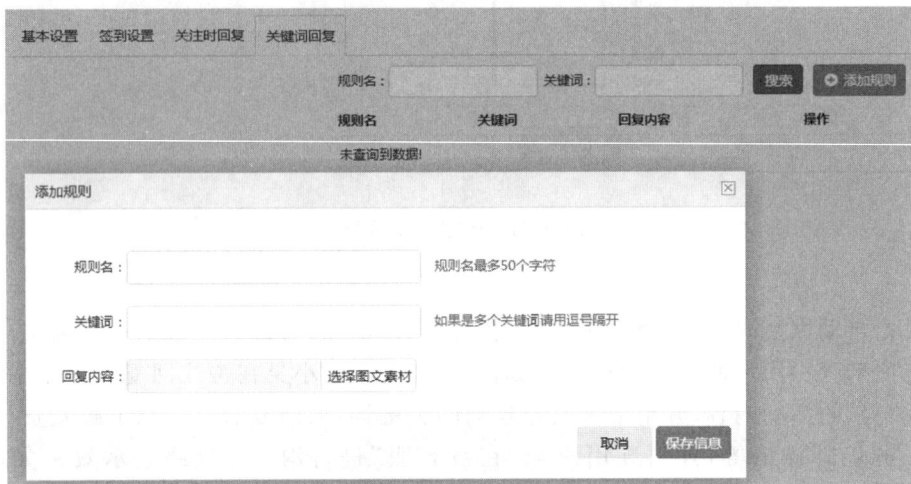

图 6-19　关键词回复设置

在设置关键词时,应先预想用户有可能提出的问题,遵循最大覆盖的原则。这里,小吴分别将人们日常关注的"是否包邮""发货时间""促销活动"设置为关键词,如图 6-20 所示。

步骤二:编辑微信公众号图文消息

在移动互联网时代,体验和参与感非常重要。对企业而言,使用微信公众号的目的就是可以实时对企业产品、服务进行内容营销。那么,如何才能对企业产品进行有效的内容营销呢？这已成为企业微信公众号运营是否成功的关键问题。

在完成了微信公众号的基本设置以后,小吴需要进一步完成微信公众号内容的编辑。在进行图文消息编辑之前,小吴了解了一般图文消息的结构。

一、了解图文消息的结构

微信消息的图文转化率对图文信息的标题和内容都提出了很高的要求,一篇好的图文信息,首先要吸引粉丝在手机上打开并阅读;之后,如果图文信息内容十分有吸引力,将触动粉丝点击原文,访问目标网页。

在编写图文消息之前,小吴首先了解了图文消息的常见结构,主要包括三个部分:内容开头、内容主体、内容结尾。

(一)内容开头

内容开头由三部分构成,如图 6-21 所示,分别是标题、公众号名称、内容导引。

好的标题起到吸引读者、筛选目标、传达信息、引导阅读的作用。内容导引部分,尽量以读者为中心,行文简洁,要起到吸引读者继续往下读的作用。

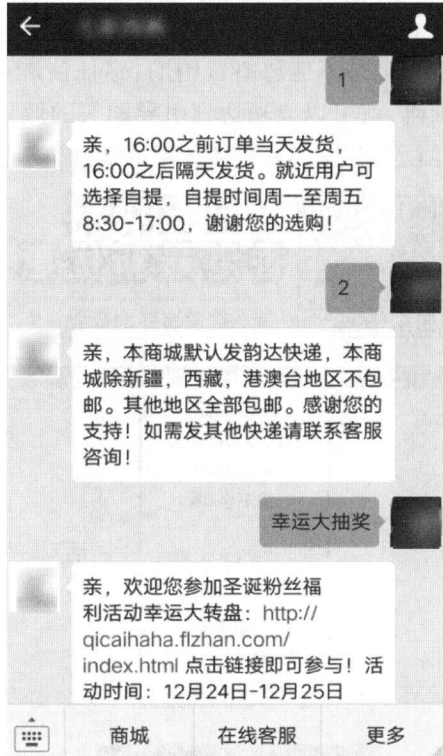

图 6-20　关键词回复举例

图 6-21　内容开头构成

（二）内容主体

一篇好的微信图文消息，一定是不能忽略营销的，穿插清晰明了的活动内容，突出优惠信息，并附上购买链接或二维码，就可以成功达到引导购买的效果，如图 6-22 所示。

图 6-22　内容主体

（三）内容结尾

内容结尾应添加公众号二维码以进一步导引关注，也可添加各类活动链接，引导用户前往店铺活动现场，如图 6-23 所示。

图 6-23　内容结尾

二、微信公众号图文消息编辑

企业对用户进行内容传播，首先要遵从的一个重要原则就是与企业自身经营的产品和所在行业有一定的关联性。其次要结合时事热点，利用公众对时事热点的关注提升公众对企业的关注。这样才能源源不断地吸引潜在用户去阅读企业发布的内容。

在掌握了图文消息的结构后，小吴尝试针对店铺的一款红糖产品进行图文消息的编辑。如图 6-24 所示，点击"素材管理"→"＋新建图文消息"→选择新建单图文或多图文消息进入

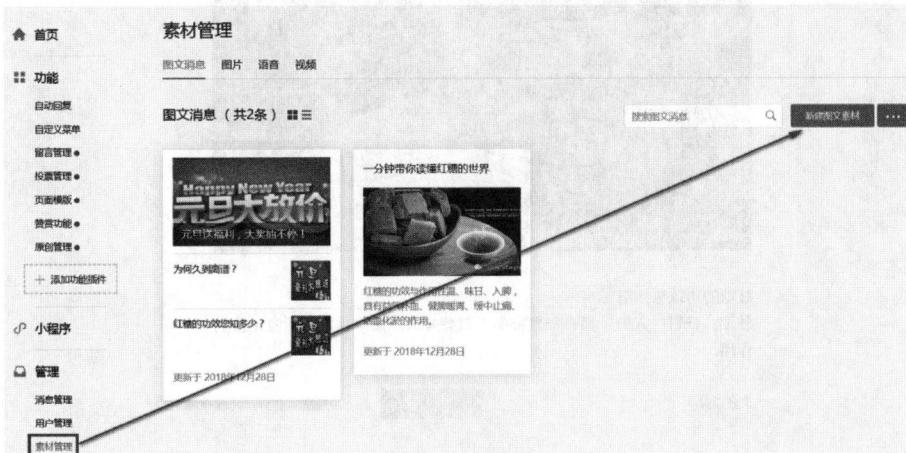

图 6-24　新建图文消息

编辑界面。微信公众号图文消息页面包括标题、作者、封面图片、摘要以及内容等几个部分，如图 6-25 所示。

图 6-25　编辑图文消息页面

　　添加标题、作者和贴合产品特色的图文内容，可以对图文进行字体、图片、段落等排版，如图 6-26、图 6-27 所示。

图 6-26　图文消息编辑页面

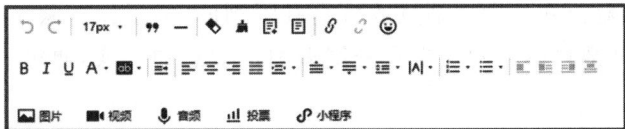

请在这里输入标题

请输入作者

图 6-27　编辑功能

知识速递

常用图文素材工具

★微信网页版公众号——后台编辑；

★中国素材网、华盖、全景等——图片；

★求字体网、书法迷——调字体；

★草料二维码——让二维码更好看；

★搜狗微信——寻找和学习公众号及文章内容。

注意：网站上的部分图片和字体有版权，请勿侵权。

　　图文内容设置好以后，接下来就是封面、摘要等设置，如图 6-28 所示。这里应注意，封面的背景要干净、重点突出，尺寸一定要合乎规定：宽度是 900 像素，高度是 500 像素。需要体现的核心元素尽可能显示在封面的中间位置。摘要起到引导阅读的作用，应该简洁明了而不失诱导性。当文章来自网络转载时，一定要注意"原文链接"的添加。

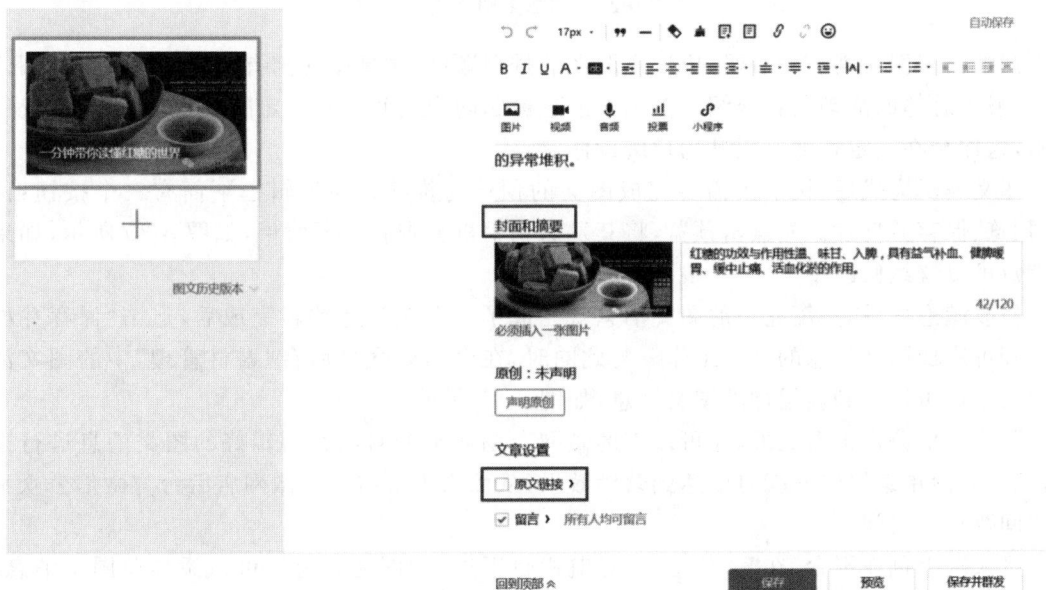

图 6-28　封面、摘要等的设置

由于微信公众平台对公众号发送消息数量是有限制的,为了在有限条数的消息中传递更多的内容,小吴在图文消息编写中经常会采用多图文消息的形式,通过一次消息发送,推送多条图文消息。

如图 6-29 所示,点击图文列表中的"+"即可进入新的图文消息编辑页面,按照这样的方法,最多可以添加 8 个图文消息进来。

图 6-29　添加多图文消息

当编辑多图文消息的时候,应注意图文的排列顺序,主推图文拥有比副推图文多的阅读量,一般为总体的活动内容介绍。多图文消息标题内容之间应有一定的关联性,版式应统一风格,这样会在一定程度上提升用户阅读体验。

图文编辑完成后,接下来需要完成图文的预览与推送。在编辑框下面有三个按钮:保存、预览、保存并群发。先点击预览,将其发送到手机上查看一下效果,如图 6-30 所示,如果不满意可以继续修改。

修改满意之后,一篇完整的图文消息就完成了。图文消息编辑完成后,点击"保存并群发",即可完成图文消息的推送工作。与此同时,在微信公众号后台"素材管理"中的图文消息列表中也可以看到新增加的图文消息,如图 6-31 所示。

除了微信公众平台之外,还可以借助微网店创业平台对已经编辑好的图文消息进行推送,只需要简单编辑转发就可以达到营销效果,从而大大节省了在微网店后台与微信公众平台之间跳转的时间。

进入网上创业平台,在"微信推广"导航栏目下点击"图文素材",可以添加单图文消息,或者多图文消息,如图 6-32 所示。在"群发消息"导航栏目下点击"选择图文素材",添加名称与类型即完成了图文消息的发送,如图 6-33 所示。

一分钟带你读懂红糖的世界

义方红糖　[模糊]　1周前

红糖的功效与作用🌸：性温、味甘、入脾，具有益气补血、健脾暖胃、缓中止痛、活血化瘀的作用。

1.补虚🍵

红糖中所含有的葡萄糖、果糖等多种单糖和多糖类能量物质，可加速皮肤细胞的代谢，为细胞提供能量。

红糖对老年体弱，特别是大病初愈的人，还有极好的疗虚进补作用；红糖对血管硬化能起到一定治疗作用，且不易诱发龋齿等牙科疾病。

2.补血活血🍵

红糖中含有的叶酸、微量物质等可加速血液循环、增加血容量的成分，刺激机体的造血功能，扩充血容量，提高局部皮肤的营养、氧气、水分供应。

图 6-30　效果预览

图 6-31　素材管理页面

图 6-32　微网店创业平台新建图文消息

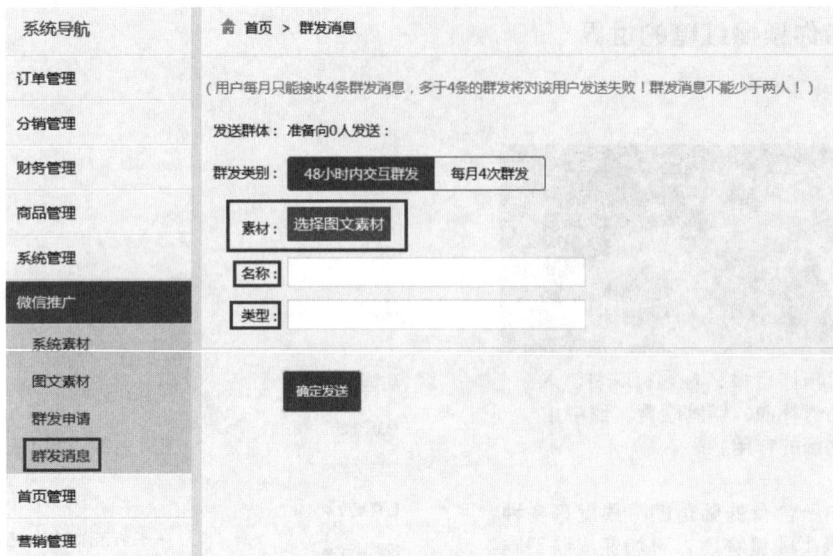

图 6-33　图文消息的发送

步骤三:图文消息内容推广

公众号的图文消息推送之后,接下来就是内容的推广工作。

一、线上推广

线上推广主要集中在微信公众平台上,微信平台提供了微信好友间的分享、微信群内推广、朋友圈推广、文章末尾点击"好看"发送到"看一看"进行宣传及相关微信公众号互推等方式。如图 6-34 所示,小吴把本次的图文消息发送给了好友并转发到自己的朋友圈。

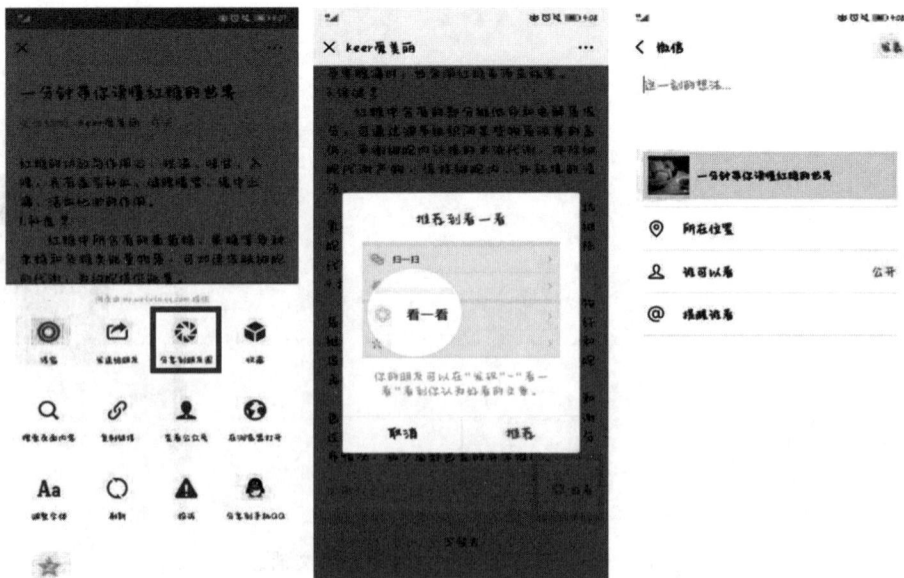

图 6-34　内容推广

知识速递

公众号推广免费途径

- 自身渠道推广
- 自有微博、网站、商品等
- 关键词匹配、认证
- 互推
- 朋友圈推广
- 账号矩阵
- 小号＋微信群
- 活动推广
- 软文推广（论坛、贴吧、豆瓣、QQ 空间）

公众号推广付费途径

- 广告投放,比如广告通
- 大号微博发布
- 大号微信推荐
- 其他推广机构

二、线下推广

相对于线上推广,线下也提供了很多推广方式。小吴主要考虑从以下几个方面进行微网店的线下推广:

- 地铁广告:设计海报,限时赠优惠券、包邮卡等形式,在客流量巨大的地铁上传递"新鲜""快捷""划算"的价值,引导本地居民及时"领取"优惠券。
- 活动广告:在人员集中区,如超市、美容店张贴活动海报,借助相关讲座、会议等,设计合作项目,例如,扫二维码赠送小礼品等。后期也可自己办活动、派对等。
- 节日广告:在"双十一"、节假日,利用秒杀、赠送等形式推广微网店。与商家合作,专人引导扫二维码。
- 产品广告:从物流人员、活动人员服装到产品包装、赠品包装,统一印上二维码,让产品本身变成最好的广告载体。

任务二 活动策划

在元旦即将到来之际,"义方红糖"微网店准备策划一次营销活动,希望在元旦期间扩大自己的市场份额,而如何利用与时俱进的媒体组合使有限的预算达到效益最大化是活动策划需考虑的重点。微信作为目前移动互联网的主要入口,在整合线上线下、沉淀用户方面都具有其他平台难以比拟的优越性。因此,小吴决定通过微信平台将标志性的微网店商品与追求节日喜庆氛围的消费者产生情感连接,通过促销、抽奖等相关性活动带动商品销量。

步骤一：策划活动方案

一、活动背景分析

元旦是中国的传统节日，每一位中国人都特别重视，同样也是各大商业平台开展促销活动的契机。节日是感动的日子，也是欢乐的日子，小吴捕捉到人们的节日心理，寓动于乐，寓乐于销，制造热点，策划行之有效的活动，最终实现营销目标。

二、目标受众分析

"义方红糖"主要经营义乌自然风味的以红糖为主的食品，致力于给用户提供无色素添加、无工业污染的食品。小吴把微网店的主要目标受众定为注重生活品质、追求健康生活的一群人。这一类消费者人数众多，为"义方红糖"提供了巨大的市场。元旦期间，通过一系列活动，营造购买氛围，更容易引起目标受众的关注和购买。

三、明确活动目的，确定主题

互联网时代，用户的注意力极其分散，做活动是个不错的选择。然而并不是毫无目的，随意做一个活动就能取得好的效果。小吴把本次活动的主题定为"元旦大放价"，用降价促销的方式吸引用户参与进来。

本次活动的目的：创业初期微网店推广；促进商品销售。

四、活动形式的确定

小吴决定利用微信的强交互性，通过对互动流程和方式的设计，从而在与用户的互动中实现推广的目的。

小吴根据元旦的性质来统筹策划开展关联活动。从活动目的来看，主要包括以"推广微网店"为目标的促销活动、以"促进互动、增强黏性"为目标的抽奖活动、礼品赠送活动、以"促进商品销量"为目标的"全场包邮"活动等。

具体活动内容：

- 促销打折活动：全商城商品 1 折起；
- 全场包邮（新疆、西藏、港澳台除外）；
- 买就送精美礼品一份，数量有限，送完为止；
- 幸运大抽奖：抽奖活动是通过每日限次抽奖等方式来提高企业公众号对用户的黏性。

微信管家为企业提供了大转盘、刮刮卡两种抽奖游戏，本次选择大转盘抽奖方式。

步骤二：活动实施

一、活动图文编辑

为了借本次活动把店铺的四类商品都推广出去，小吴决定在本次活动中采用多图文的形式，用主推图文介绍微网店店铺主体活动，再用副推图文逐一介绍各类商品的活动内容，以"元旦豪礼大放送"图片作为各副推图文的封面,让用户对本次活动主题一目了然,如图6-35所示。

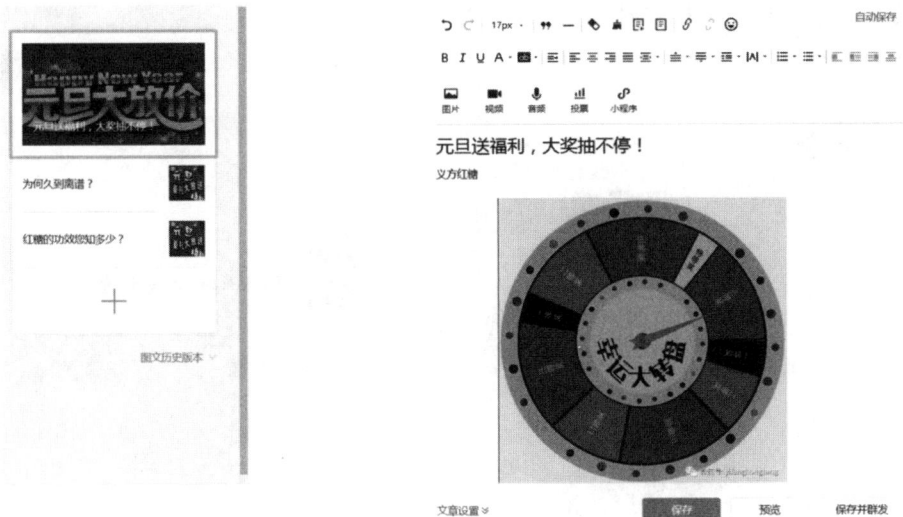

图 6-35　活动图文编辑

二、微信图文消息发布

编辑好活动图文,接下来就是图文的发布和推广工作。小吴考虑到店铺产品的主要受众都是追求健康生活的人士,这类人群大多活跃在微信、QQ、微博等平台。小吴计划把主要的推广平台放在覆盖面更广的微信上,在 QQ、微博平台同步辅助宣传。

(一)微信公众号消息发布

小吴于 12 月 28 号在"义方红糖"公众号发布了"元旦大放价"多图文消息,为元旦店铺活动做预热,如图 6-36 所示。

(二)微信好友及微信群发

小吴接下来通过微信聊天窗口把活动图文内容群发给了自己的微信好友,如图 6-37 所示,并鼓励好友进行转发,共同参与抽奖赢福利。除了微信好友的群发,小吴还把活动内容链接转发到了各个微信群里,并在群里进行实时活动答疑,引导群员参与到活动中来。

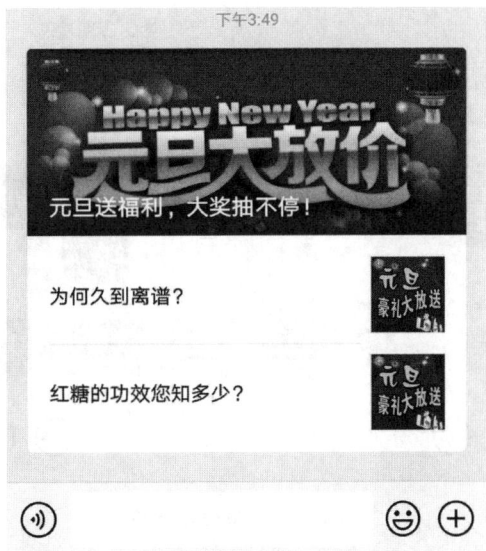

图 6-36　"元旦大放价"多图文消息发布

(三)朋友圈二次传播

在微信平台上,用户除用聊天的方式来表达感情外,还通过朋友圈来相互传达感情。朋友圈能够大范围触达目标群体,达到强大的辐射影响力。

小吴在朋友圈通过两种方式进行图文发布：一种是转发公众号发布的图文链接，并配上引导文字；另一种是用朋友圈提供的相册功能，用图片加文字描述的方式，相比第一种方式，这种方式更能让用户快速抓住活动要点，如图 6-38 所示。

图 6-37　微信好友单发

图 6-38　朋友圈二次传播

三、其他平台同步推广

为了达到信息的最大覆盖面，小吴在 QQ 平台和微博平台做了同步宣传。

(一)QQ 营销

小吴在 QQ 平台主要通过 QQ 群聊、空间说说、邮件群发进行推广。

1. QQ 群聊

小吴意识到在群内发硬性广告的效果通常会比较差，决定通过软性植入广告的方式提升效果。小吴在平时与群员聊天的时候，寻找推广时机，适时推广促销信息，宣传活动内容，如图 6-39 所示。

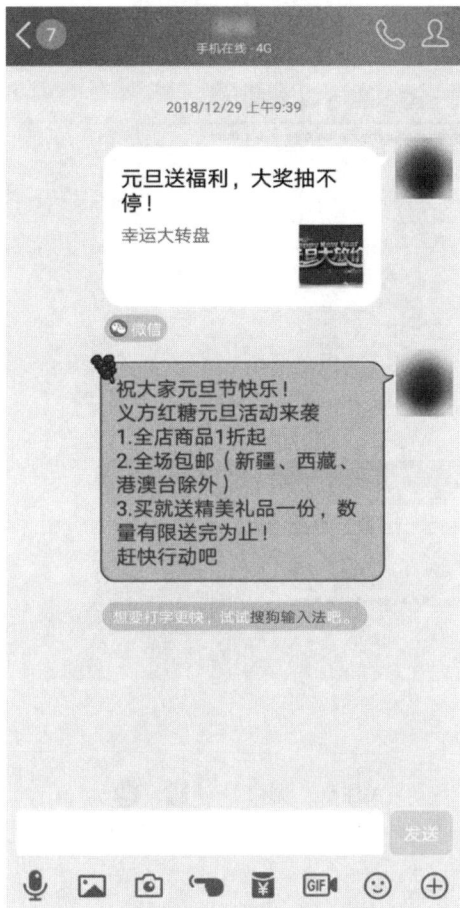

图 6-39　QQ 群聊

图 6-40　空间说说

2. 空间说说

小吴通过在 QQ 空间发布优质的活动内容来影响用户，并对用户的留言给予即时回复，如图 6-40 所示。

3. QQ 邮件群发

QQ 邮件提供了两种邮件群发的方式：第一种，普通邮件，通过增加收件人地址，完成多人邮件发送，如图 6-41 所示；第二种，通过群邮件按钮，选择目标群，针对对应的群成员发送邮件内容，如图 6-42 所示。完成收件人的添加后，再输入邮件主题和正文，点击发送按钮就可直接将该邮件发送到对方的邮件接收服务器。

(二) 微博推广

微博作为一种社会化媒体，其互动性和娱乐性特征也非常强，用户可以随时在微博上发布消息，与博友开展互动，或者参与各类媒体、企业、机构举办的互动活动。小吴意识到微博平台的功能优势，注册了店铺微博账号。在微网店活动期间，小吴在微博账号发布活动图文消息，对活动进行同步宣传，如图 6-43 所示。

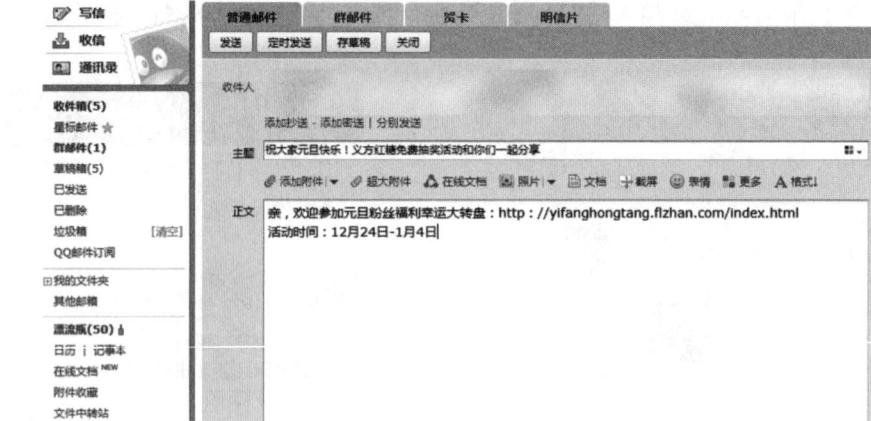

图 6-41　邮件群发方式一

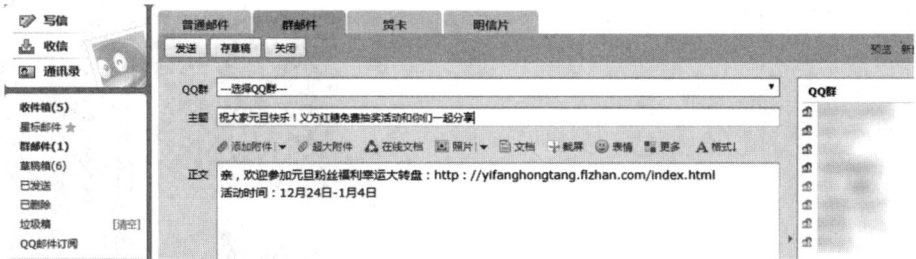

图 6-42　邮件群发方式二

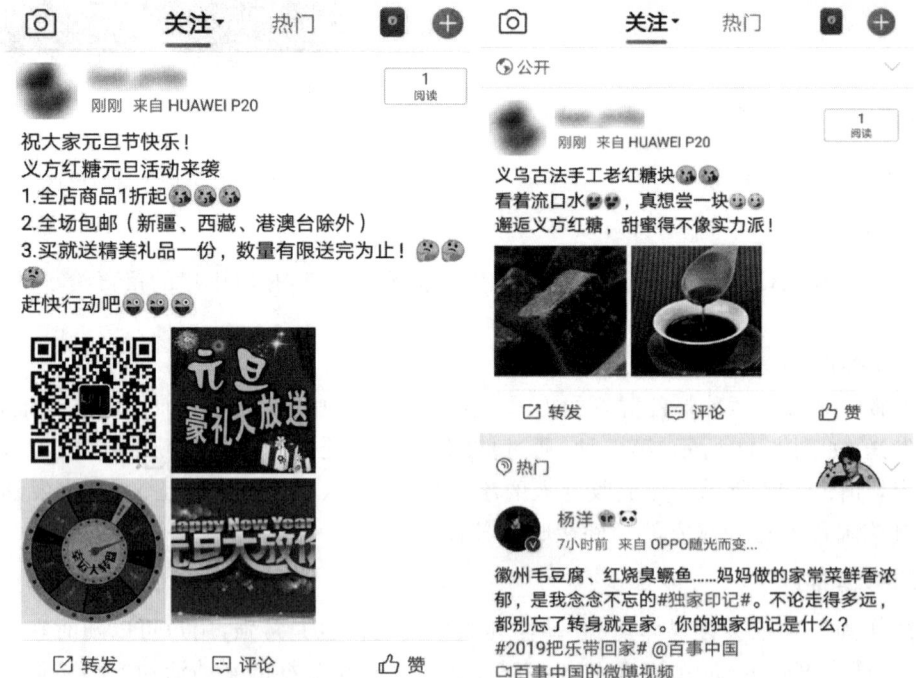

图 6-43　微博推广

步骤三：活动效果监控

小吴根据活动的推广途径监控其流量，这里主要对微信公众平台的数据进行监控分析。如图 6-44 所示，微信公众平台的后台为用户推出了"数据统计"功能，能够为公众号运营人员提供基础的数据分析，对运营人员的数据统计和日后的运营计划制订提供了非常大的帮助，其中图文分析、消息分析、用户行为分析三大板块是本次活动效果监控的三个重点。

一、图文分析

图文分析是微信提供的一个可视化统计与分析功能，其中包括"单篇图文""全部图文"两个栏目。点击"全部图文"，可以通过选定时间内的图文或者标题进行图文搜索，栏目会显示对应的图文指标。可以将一个或者多个图文选定，通过对比多个图文得出数据差异。它可以从直观的角度为运营人员提供传播转化的漏斗模型图，包括对图文页阅读人数、原文页阅读人数、分享转发、微信收藏四项指标的详细统计和分析，如图 6-45 所示，本次活动图文在发布后的一天内阅读人数，其中微信会话与朋友圈是浏览主要来源。

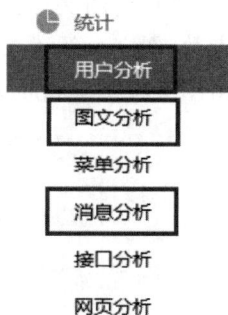

图 6-44　微信公众平台数据统计

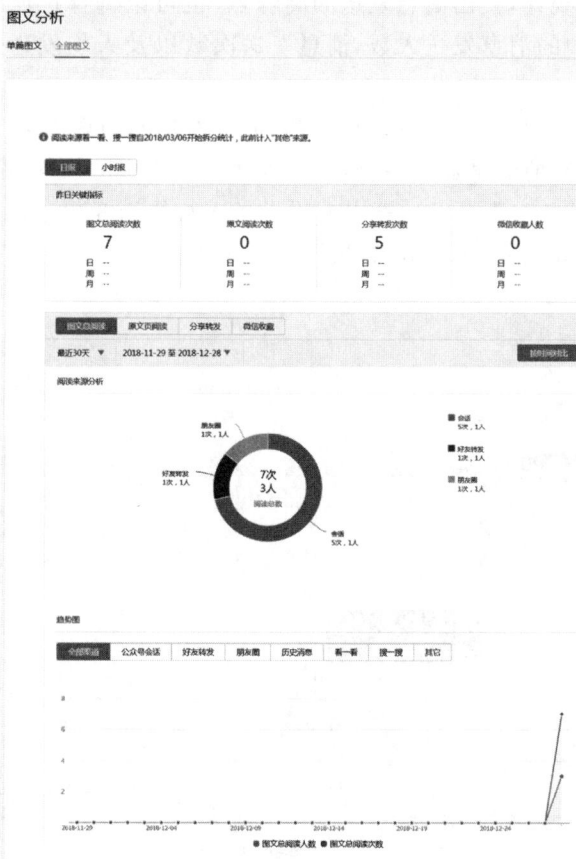

图 6-45　全部图文分析页面

"单篇图文"的统计数据主要是针对所选时间段内每一篇图文消息进行分析,包括送达人数、图文页阅读人数、图文页阅读次数、原文页阅读人数、原文页阅读次数,同时可以计算出图文转化率和原文转化率,还包括分享转发的人数和次数,如图 6-46 所示。

图 6-46　单篇图文数据统计

二、消息分析

消息分析主要对后台用户回复消息的数据进行分析。在消息分析中,可以看到由微信公众号后台统计出的消息发送人数、消息发送次数以及人均发送次数,可以以小时报、日报、周报、月报的形式进行统计,找出消息发送的高峰点,也可以选择按照时间对这些数据进行对比。消息分析页面中的消息发送人数、消息发送次数以及人均发送次数存在着以下的数值关系:

人均发送次数＝消息发送总次数/消息发送的用户人数

以 12 月 29 日 10 时的消息数据为例,消息发送人数为 25 人(图 6-47),消息发送次数为 66 次(图 6-48),通过以上公式可以计算出人均发送次数约为 3 次。也可直接查看消息分析页面的人均发送次数,如图 6-49 所示,结果同样是 3 次。

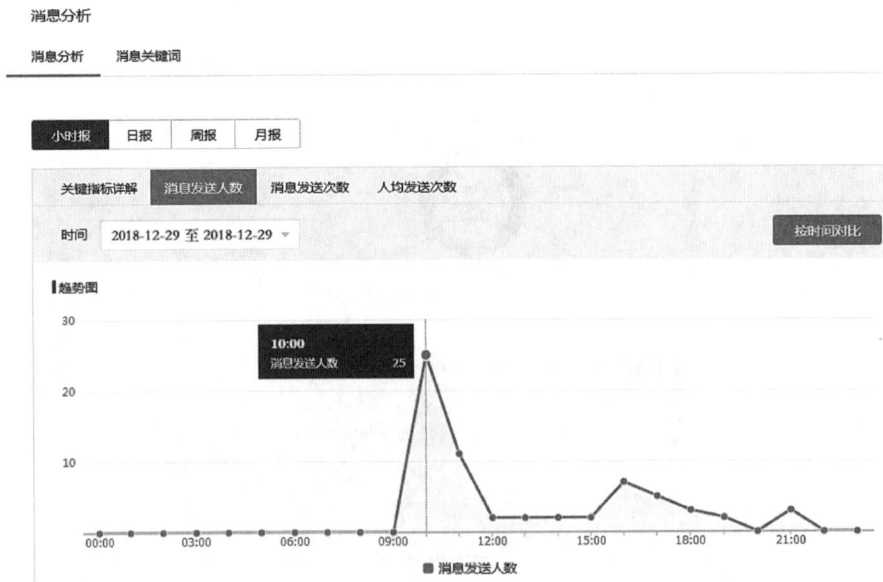

图 6-47　消息发送人数

消息分析

消息分析　　消息关键词

小时报　日报　周报　月报

关键指标详解　消息发送人数　消息发送次数　人均发送次数

时间　2018-12-29 至 2018-12-29 ▼　　　　　　　　　　　　按时间对比

▌趋势图

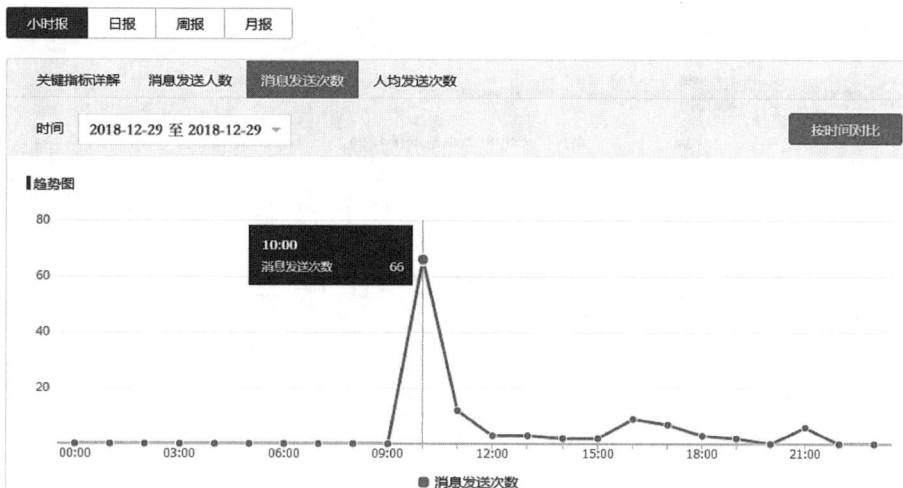

图 6-48　消息发送次数

消息分析

消息分析　　消息关键词

小时报　日报　周报　月报

关键指标详解　消息发送人数　消息发送次数　人均发送次数

时间　2018-12-29 至 2018-12-29 ▼　　　　　　　　　　　　按时间对比

▌趋势图

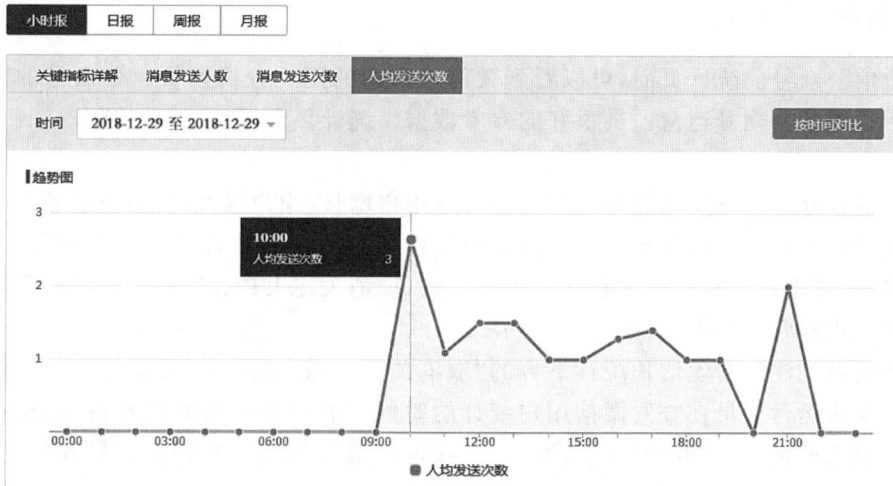

图 6-49　人均发送次数

人均发送次数反映了粉丝与公众号的互动情况,从侧面反映公众号的粉丝活跃度,也反映了消息关键词的设置是否很好地引导了用户互动。

另外,在消息分析中还有一个栏目——关键词分析,是帮运营者分析哪类关键词会更加引起用户兴趣。关键词分析包含近期出现频率最多的关键词使用次数。小吴查看"义方红糖"公众号后台,如图 6-50 所示,活动图文中有 9 个关键词是出现频率较高的,其中"幸运大抽奖"排在了首位,说明用户对抽奖活动的集中关注。其次关键词"1"、"2"也排到了前列,说明用户添加微信公众号后,"关注时回复"的设置取得了很好的引导用户互动的效果。

图 6-50　近期出现最多的关键词

三、用户行为分析

在微信公众号的统计页面,可以看到微信统计中的用户分析模块。公众号的用户层面统计给予了微信公众号运营人员很好的参考数据。统计平台提供了粉丝增长统计与粉丝属性分析。

在微信公众平台→数据统计→用户分析→用户增长/用户属性,即可查看粉丝人数的变化或当前公众平台粉丝的分布情况。在用户属性中可以看到昨日关键指标模块、关键指标详解趋势图,其中在各种指标中有新增关注人数、取消关注人数、净增关注人数、累积关注人数四个指标供运营者参考,如图 6-51 所示。

其中要特别注意粉丝增长统计下方的"取消关注人数"这一项,对运营人员来说有很大的价值。很多运营人员在查看微信用户统计的时候只看到粉丝的增长数量,却没有注意到先关注后取消的情况。"取消关注人数"这一项可以很清楚地观察到关注量和取消关注量,如图 6-52 所示。

通过对"取消关注人数趋势图"的分析,小吴可以从反面角度查看所运营的微信公众号的用户体验。以微信后台目前所提供的服务,还无法判断用户取消对账号关注的原因,但是通过对"取消关注趋势图"的分析,可以确切地知道某一个具体的日期取消关注的情况。这样对比运营中当天所做的运营工作,可以大致分析出用户取消关注的原因。

在用户属性分析方面,微信提供了"性别""语言""省份""城市"四个维度,由此将用户粉丝进行细分,对精准营销也有一定的帮助。如图 6-53 所示,用户性别男女均衡,语言均为简体中文。

序号	时间	新关注人数	取消关注人数	净增关注人数	累积关注人数
1	2018-12-29	235	31	204	513
	2018-12-28	0	2	-2	309

图 6-51　用户行为分析

图 6-52　取消关注人数页面

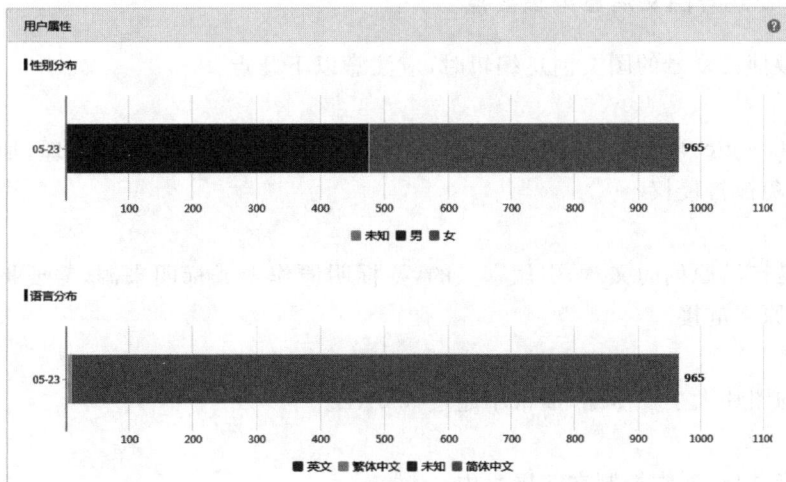

图 6-53　用户性别分布及语言分布

【项目总结】

通过本项目的学习,使读者对微网店推广及活动策划等相关操作有一个基本的认识,培养读者微网店推广运营的能力。其中,微信公众号图文消息的编辑、活动策划方案的制定及活动实施要点都是本项目的难点,读者需认真学习。与此同时,通过本项目的学习,读者要具备图文的编辑能力、店铺活动方案的策划能力及数据的监控分析能力,培养读者在后续创业运营中的推广能力。

【相关知识】

一、微信图文标题类型

编辑微信图文信息时,标题最好控制在手机显示的一行之内,大概是 13~15 个字,如果超出就会换行。如果是多图文的话,标题会覆盖掉封面图,而且会显示在黑底上,影响美观。常见的标题有以下八种类型:

- 直言式——五折特惠,限十二点前。
- 新知式——第三代抗骨质疏松药上市。
- 提问式——读二流大学有未来吗?
- 目标导向式——为你的手机换个新装吧。
- 夸大式——有史以来最大的商机等你来发掘。
- 如何式——如何买到让女朋友喜欢的礼物?
- 命令式——今年你必须购买大衣的十个理由。
- 见证式——这是我用过第二好用的手机!

二、微信公众号图文消息编辑要点

在进行微信公众号的图文消息编辑时,应注意以下几点:

★图片

在百度、Google 等搜索引擎中找出来的部分原创图片一定要经过处理,加点文字或者轻微修改,以免被告侵权。

★文章

如果不是自己原创的文章,引用别人的,要标明原作者或标明来源,需要把原文链接勾选,然后附上原文链接。

★大小

文章中的图片大小要压缩,通常不超过 330KB。

★篇幅

篇幅不能过长,通常控制在 5 屏之内。

★字体、字号

字体通常用宋体,字号为 4 号或 5 号。

★段落

段落的设置格式为首行缩进、段落对齐。

★小标题颜色

小标题颜色一般使用蓝色、棕红色、棕黄色等。

★文本编辑

文本换行时,按住"Shift+Enter"键以防止格式变更。

三、微信内容运营时的注意事项

在进行微信内容运营时要注意以下几点:

◆发送时间

大清早打开手机,看到各种未读消息,正常人习惯是大致浏览,然后一晃而过,看哪些内容吸引自己,所以发布时间点要错开,通常发布时间为 12:00—13:00、17:30—18:30、20:00—21:30、23:00—24:00。

◆标题和摘要

微信的图文消息被用户接收后,显示到手机屏幕上就是文章标题,大概 20 个字,其作用相当于摘要。这些字要脱颖而出,能够激起用户的兴趣。

◆适当连载

用连载的方式培养用户阅读习惯。根据心理学家的研究表明,一个人要真正养成好的习惯需要 21 天,所以连载的文章不能少于 21 篇,通过不断连载让顾客产生对公众号的依赖。

◆客户关系管理

根据不同人群分类推送,微信公众号后台有一个订户分类,有的按地域分类,有的按新旧客户分类。针对新会员,提供他们想要的内容,针对老会员,提供他们需要的服务。

【同步实训】

一、实训目的

本实训项目为电商创业之营销推广。学生通过本项目的学习,能够掌握社交媒体推广和活动策划的基本要点以及操作方法。

二、实训软硬件

1.连接网络的电脑、智能手机等。
2.相关实训软件。

三、实训分组

学生分组,并选出各组组长,以小组为单位针对实训背景进行操作。

四、实训背景

在实训开始前,请学生安装秀米编辑排版工具。秀米编辑器 Logo 如图 6-54 所示。

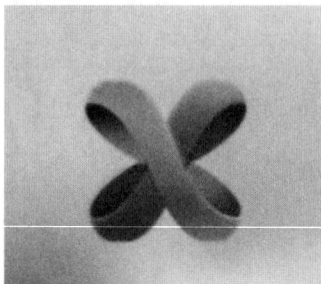

图 6-54　秀米编辑器 Logo

五、实训任务

实训任务一　微信图文编辑

学生借助秀米编辑排版工具,完成一篇图文消息的编排,并发布到微信平台。学生完成操作以后,对比微信公众平台编辑器与秀米编辑器,通过对比从中掌握不同排版工具的规则及各自优势,并完成表 6-2。

表 6-2　微信公众平台编辑器与秀米编辑器对比

排版工具	微信公众平台编辑器	秀米编辑器
优势		
劣势		

实训任务二　策划营销活动

请学生围绕特定的主题策划一次营销活动。根据营销目的及受众群体进行微信营销策划,确定营销的相关主题、内容及其表现形式,完成表 6-3。

表 6-3　微信营销策划方案

活动背景分析	
目标受众群体	
明确活动目的	
确定主题	
活动形式	

根据活动策划方案,撰写微信图文消息并发布、推广,填写表 6-4。

表 6-4　图文消息编辑、发布及推广记录表

活动图文消息编辑	
图文标题	
图文内容	
活动图文消息发布、推广	
发布平台	选择其原因
微信	
微博	

项目七 电商创业之网店运营

电商创业者在开通网店后,如果不对网店进行运营推广,那么很难获得可观的流量;如果不对网店数据进行分析,那么无法掌握网店用户的精准画像。网店运营是电商创业者的重要工作,如直通车推广、淘宝客推广、网店数据分析与优化等。接下来以小吴开通的淘宝店运营为例,向大家一一讲解。

📖 学习目标

知识目标

1.了解直通车、淘宝客的入驻规则及条件;

2.了解网店数据分析常用工具。

能力目标

1.掌握淘宝客新建推广计划的设计技巧;

2.掌握数据分析工具的使用。

情感目标

通过网店运营的学习,激发学生进行电商创业的兴趣。

📒 项目情景

为了扩大流量,小吴在淘宝网也开通了"义方红糖"店铺,通过淘宝平台的直通车、淘宝客等功能,为店铺积累流量,同时借助生意参谋对网店数据进行分析,更好地优化"义方红糖"网店的用户画像。

📖 任务分解

任务一 商业付费推广

目前,淘宝平台常见的商业付费推广有直通车、淘宝客。

一、直通车

直通车不仅可以帮助网店实现精准化推广,带来较高的流量,还可以促进成交转化率。一般情况下,当用户需要某种商品时,会选择关键词搜索或者按照类目查询,既节省时间,又高效便捷。而基于用户的这种习惯,直通车将用户搜索到的商品展示在搜索页面的固定位置,如图 7-1 所示。

图 7-1　直通车广告位

(一)直通车准入规则

卖家可以通过直通车链接(Http://zhitongche.taobao.com/)进入,按照相关提示开通此服务,如图 7-2 所示。

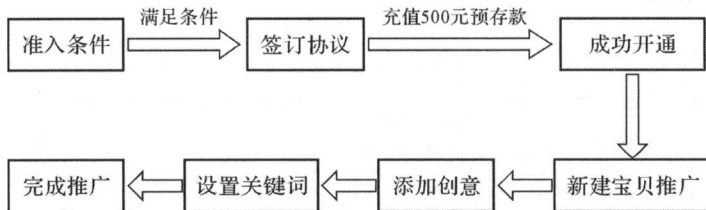

图 7-2　直通车操作流程

不过,卖家在开通直通车服务时需满足以下条件:

(1)网店状态正常(网店可正常访问);

(2)用户状态正常(网店账户可正常使用);

(3)淘宝网店的开通时间不少于 24 小时;

(4)近 30 天内成交金额大于 0。

(二)直通车主图创意设计

主图是卖家展示给用户的第一印象,将直接影响到浏览的转化率,其需满足以下条件:

(1)原图图片清晰;

(2)挖掘商品卖点;

(3)文案简洁明了、有吸引力;

(4)产品描述清楚;

(5)促销信息有力度;

(6)设计排版美观规范;

(7)与众不同,突出差异化。

淘宝搜索页直通车广告创意举例如图 7-3 所示。

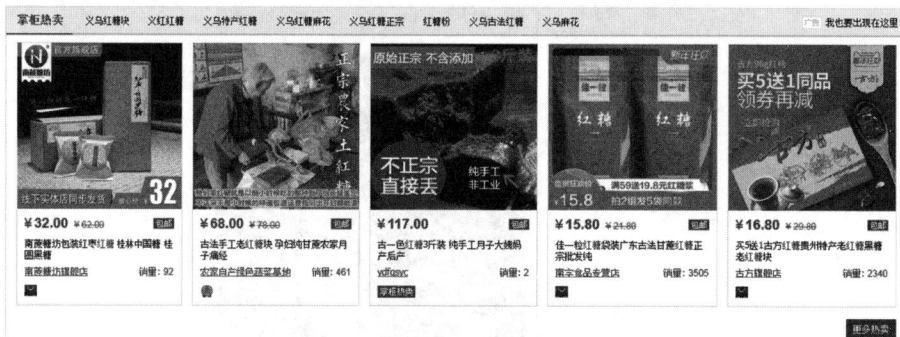

图 7-3　淘宝搜索页直通车广告创意举例

(三)开通直通车推广

1. 设置推广计划

进入直通车首页后,卖家点击"新建宝贝推广"按钮,选择需要推广的商品,并按照提示设置推广计划名称、日限额、商品等信息,如图 7-4 所示。

图 7-4　设置直通车推广计划

2. 设置关键词及价格

制订投放计划后,卖家需对商品设置关键词及价格,以便用户在搜索相应关键词时能够成功展示该商品(图 7-5)。一般系统会自动匹配与商品相关的关键词,卖家可根据情况筛选;价格一般会默认此类目行业均价,用户可以根据展示效果调整价格。

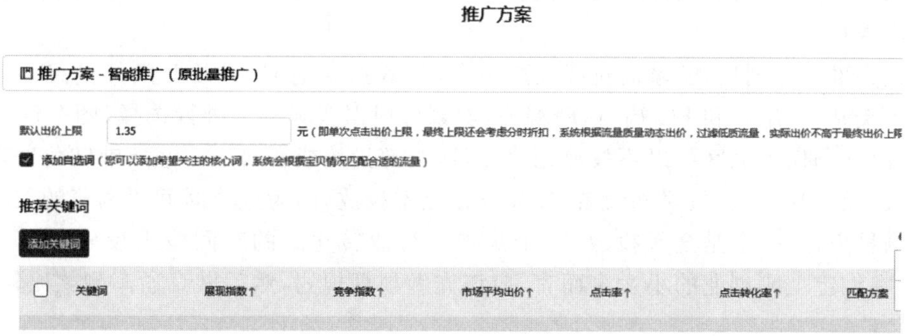

图 7-5　设置关键词和价格

3.添加创意

完成推广计划设置后,返回活动推广界面,点击推广单元(图 7-6),添加创意图及创意描述。在进行创意描述时,应注重突出商品的功能、特性、优势等(图 7-7)。添加创意标题(图 7-8)。

图 7-6　编辑推广单元

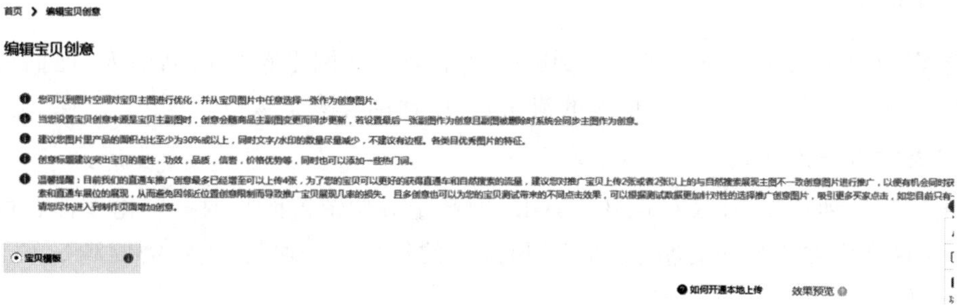

图 7-7　编辑创意

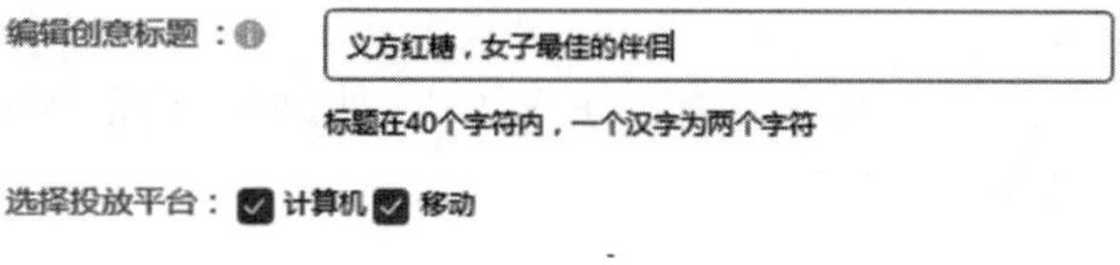

图 7-8　添加创意标题

上传创意或者修改创意图时,系统会自动审核。选择的创意图需为正方形图片,要求:宽 800 像素×高 800 像素,固定尺寸;大小为 0～500KB;支持 JPG、JPEG、PNG 格式图片。

4.广告投放

设置完推广计划后,卖家需选择投放平台,设置投放地域、投放时间等信息。投放平台可选择淘宝站内、站外和 PC 端、移动端等,卖家可根据实际需求进行选择(图 7-9)。投放地域设置,海外和偏远地区可以不投放,其他地区全部投放或者自选一些店铺转化率较高的地区去投放(图 7-10)。投放时间设置,凌晨到 8 点不投放,因为这个时间段浏览的人少。其余时间有两种方法,一个是全天投放,一个是参考行业转化高的时间段去投放(图 7-11)。另外,对于在淘宝上刚创业的小卖家而言,应该先做预算规划,然后做直通车测款比较稳妥。

图 7-9　投放平台设置

二、淘宝客

淘宝客指卖家以佣金的形式寻找到的一群帮助其在网上推广商品的人,他们可能是网红、达人、大 V 等,他们自身拥有很大的流量,可以帮助卖家扩大宣传。

(一)淘宝客准入规则

淘宝客是一种按照 CPS(Cost Per Sale)即基于成功销售而收取一定比率佣金的商业合作方式,这种推广方式具备更精准、安全、风险低的优势。开通淘宝客,需要满足如下官方规定的准入规则:

(1)卖家信用等级在一星以上或者参与了消费者保障计划;

(2)店铺非虚拟交易近半年的 DSR 评分三项指标平均得分不得低于 4.5(开店不足半年的从开店之日算起);

(3)网店状态正常且出售中的商品数大于等于 10 件(同一商品库存有多件的,仅计为 1 件商品,且拍卖商品不能参加推广)。

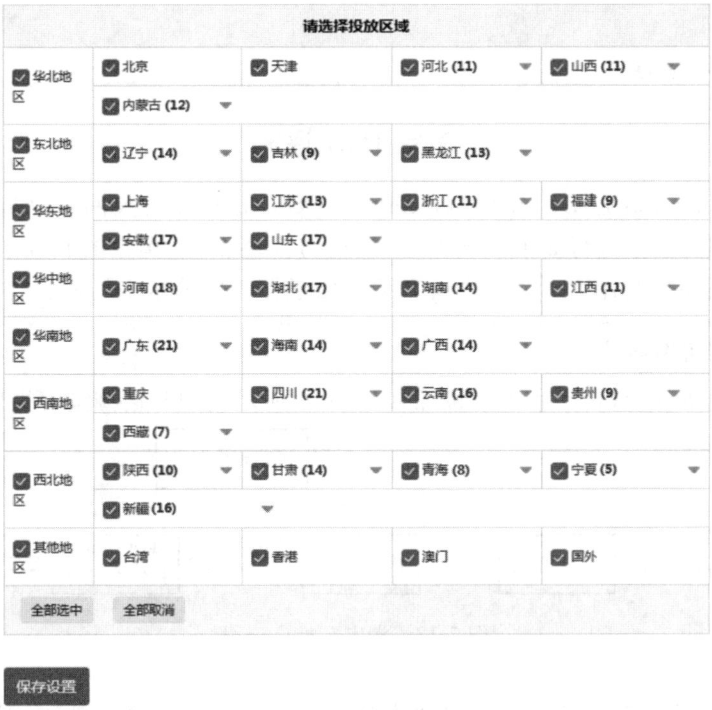

图 7-10　投放地域设置

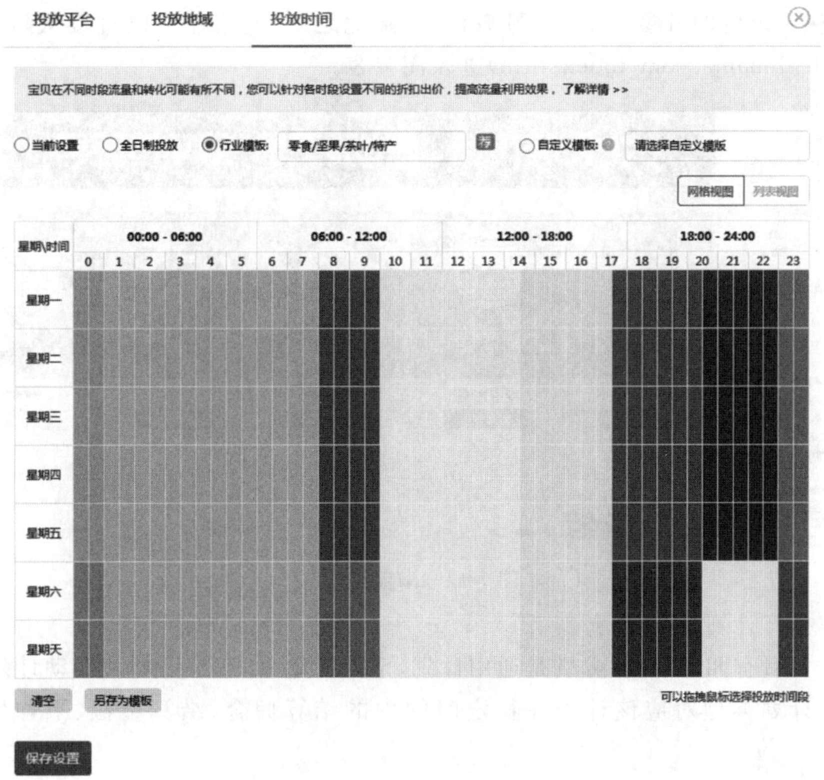

图 7-11　投放时间设置

淘宝 DSR 评分

卖家服务评级系统(Detail Seller Rating,DSR)是指在淘宝网交易成功后,买家可以对本次交易的卖家进行如下三项评分:宝贝与描述相符、卖家的服务态度、物流服务的质量。每项评分取连续六个月内所有买家给予评分的算术平均值。

(二)开通淘宝客推广

满足具体的条件后,卖家就可以按照如图 7-12 所示流程开通淘宝客推广。

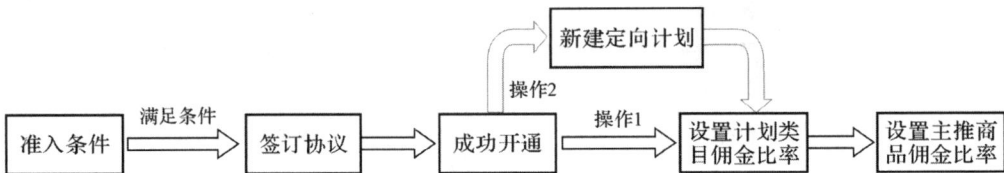

图 7-12　淘宝客推广流程

1.申请开通淘宝客

卖家从"卖家中心"→"营销中心"→"我要推广"进入淘宝客申请入口,签署一份《淘宝客推广软件产品使用许可》协议,勾选确认之后,填写支付宝代扣款协议,输入支付宝账户和支付密码,确认协议后即可参与推广(图 7-13)。除此之外,卖家还可以直接从阿里妈妈链接(Http://ad.alimama.com/index.htm)进入淘宝客。

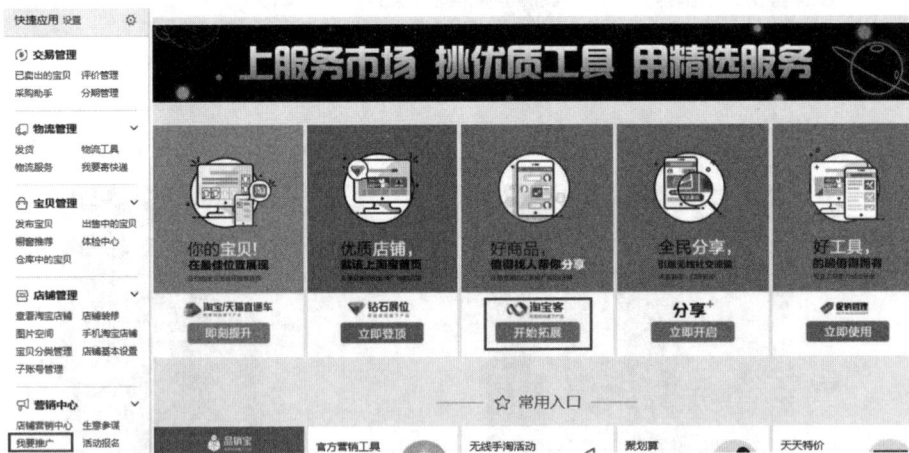

图 7-13　淘宝客入口

2.新建推广计划

淘宝客后台有四大计划,分别是通用计划、定向计划、如意投计划和活动计划,如图7-14所示。每种计划类型对应该计划在特定时间内的结算佣金、结算金额、平均佣金比率等数据。

(1)通用计划。该计划将在卖家开通淘宝客推广后默认开启,方便淘宝客及时获取推广链接,一旦开启该计划,将无法暂停和关闭(图 7-15)。通用计划可推广全部商品,也可以推广指定商品。任何淘宝客都可以参与，具体展示位置根据淘宝客推广方式自主选择。

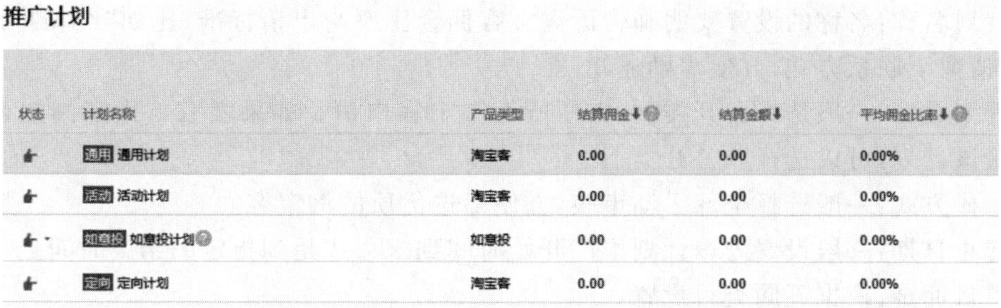
推广计划

状态	计划名称	产品类型	结算佣金	结算金额	平均佣金比率
	通用 通用计划	淘宝客	0.00	0.00	0.00%
	活动 活动计划	淘宝客	0.00	0.00	0.00%
	如意投 如意投计划	如意投	0.00	0.00	0.00%
	定向 定向计划	淘宝客	0.00	0.00	0.00%

图 7-14 淘宝后台四大计划

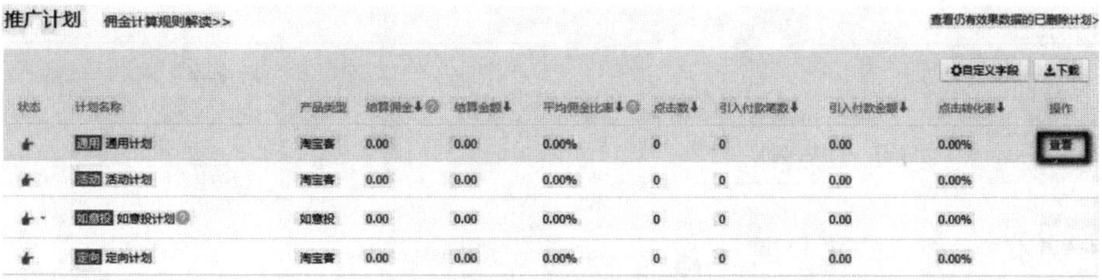
推广计划 佣金计算规则解读>> 查看仍有效果数据的已删除计划>

自定义字段 下载

状态	计划名称	产品类型	结算佣金	结算金额	平均佣金比率	点击数	引入付款笔数	引入付款金额	点击转化率	操作
	通用 通用计划	淘宝客	0.00	0.00	0.00%	0	0	0.00	0.00%	查看
	活动 活动计划	淘宝客	0.00	0.00	0.00%	0	0	0.00	0.00%	
	如意投 如意投计划	如意投	0.00	0.00	0.00%	0	0	0.00	0.00%	
	定向 定向计划	淘宝客	0.00	0.00	0.00%	0	0	0.00	0.00%	

图 7-15 通用计划

(2)定向计划。该计划是卖家结合网店活动、营销目的、产品结构、推广资源等因素，针对某个细分的淘宝客群体设置的推广计划，如图 7-16 所示。卖家在设置计划时，可自主选择是否公开计划。

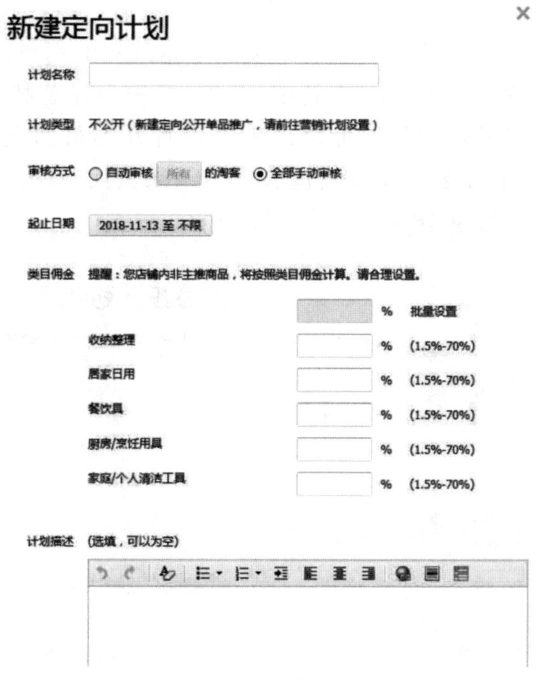

图 7-16 新建定向计划

计划中需要填写的信息包括以下几项：

1）计划名称：名称的设置要明确告诉淘宝客佣金比率与申请标准，比如"红糖推广10％计划（申请留下联系方式，方便奖励通知）"。

2）计划类型：一般选择公开类型，方便所有淘宝客申请。如果卖家与指定淘宝客合作，需要隐藏该计划，可以选择非公开类型。

3）审核方式：一般选择全部手动审核，方便筛选优质的淘宝客。

4）起止日期：一般设置为该计划推广开始时间到永久或是到指定的结束时间。

5）类目佣金：根据不同类目设置。

6）计划描述：包含网店介绍、历史推广数据、奖励机制、卖家联系方式等。

卖家新建定向计划前可以通过淘宝客后台进入淘宝联盟，参考同行网店的计划设置，如图7-17所示。

图7-17　淘宝联盟的网店推广

（3）如意投计划。该计划是卖家为了将产品展示给站外的用户而设置的推广（图7-18）。区别于传统淘宝客推广，如意投计划具有智能、精准、可控等显著特点。卖家在激活如意投计划时，需要签署一份《如意投软件服务协议》，并设置好类目佣金比率和主推款商品（图7-19）。如意投推广的商品，主要展示在爱淘宝搜索结果页面（Http://ai.taobao.com）以及一些中小媒体橱窗推广位上，如图7-20、图7-21所示。

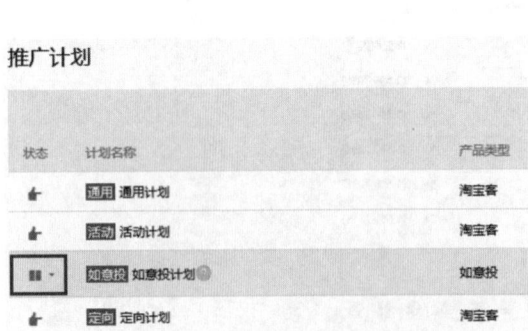

图7-18　推广计划列表

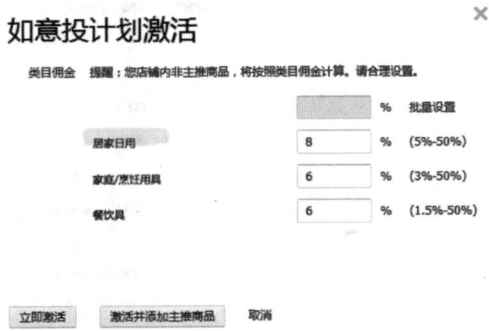

图7-19　如意投计划激活

图 7-20　爱淘宝首页

图 7-21　部分如意投站外展示资源

(4)活动计划。该计划是卖家在活动广场报名参加优质淘宝客发起的招商活动,从而实现为店铺引流的目的。如由"大V团 aaa"发起的"网红达人　有好货　必买清单　头条推荐高佣金百分百主推"活动,在活动详情中会有具体的报名要求、联系方式等(图 7-22)。

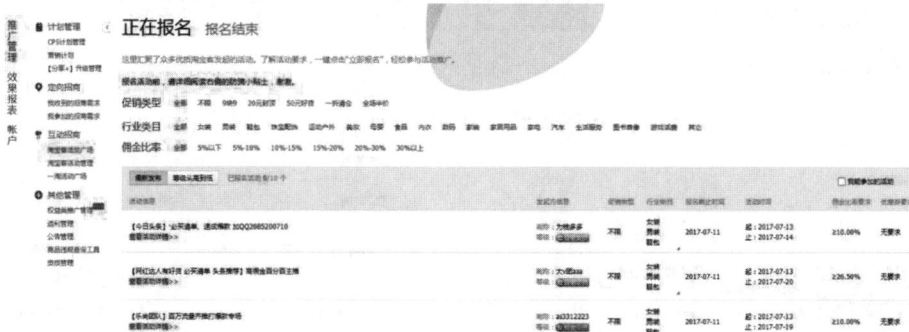

图 7-22　淘宝客活动广场

需要注意的是,为了避免受骗,卖家报名参加淘宝客活动时,不需要与淘宝客进行线下额外交易,只需从淘宝客后台按佣金比率提供佣金即可。

3.设置佣金

(1)各个计划类目佣金比率的设置。当卖家设置好推广计划后,就需要设置各个计划的类目佣金比率,点击计划右侧的"查看",进入类目佣金设置页面(图 7-23)。

图 7-23　类目佣金设置

（2）主推商品佣金比率设置。如果卖家有重点推广的商品，可单独对该商品设置佣金比率，淘宝客成功推广该商品后按照单独佣金比率进行结算。卖家首先需要前往"营销计划设置"页面，添加主推商品，设置推广时间及佣金比率，如图 7-24、图 7-25、图 7-26 所示。

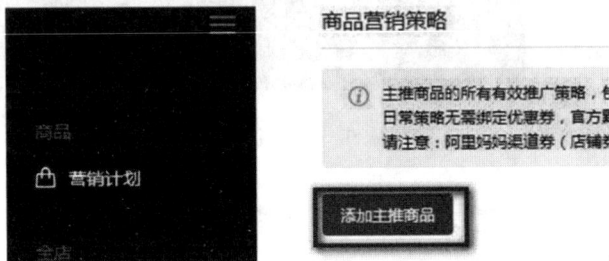

图 7-24　"营销计划设置"页面

图 7-25　添加主推商品

图 7-26　设置主推商品推广时间及佣金比率

至此便完成了淘宝客推广的开通及设置，卖家可以通过后台，了解推广的实时效果。在这里，卖家还需了解一下如何招募淘宝客，以便于让更多人参与商品的推广。

（三）淘宝客招募

常见的淘宝客招募方式有以下几种：

1.后台公告招募

在淘宝客后台发布招募或者活动相关的公告,如掌柜奖励、掌柜促销、掌柜热卖等,从而吸引淘宝客主动申请加入推广,如图 7-27 所示。

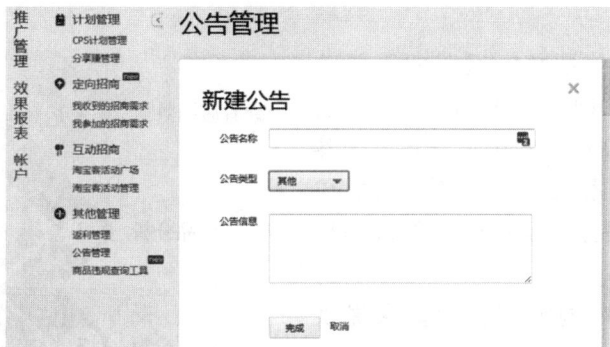

图 7-27 公告管理

公告的标题要有吸引性,比如"全店佣金高达 40%""年中促主推款 50% 佣金"等,标题可以适当夸张,但不能脱离实际,一定要把最好的亮点展现出来。公告信息一般包含网店名称、网店链接、网店活动信息、活动素材下载链接、联系方式等。

2.阿里妈妈社区招募

卖家进入阿里妈妈社区(Http://club.alimama.com/)"找淘宝客"板块进行淘宝客招募,如图 7-28 所示。

图 7-28 阿里妈妈社区

3.站外招募

卖家也可通过 QQ、论坛、贴吧、微博、微信等多种站外途径发布招募贴来招募淘宝客。招募贴中一般需要包括以下信息:

(1)标题:写标题时尽量简单化,可以带上一些号召性的词语。

(2)网店信息:包含网店名称和网店链接。

(3)佣金信息:具体的佣金比率和申请网店推广的链接。

(4)素材下载地址:网店活动时具体商品的素材下载地址。

(5)联系方式、注意事项:注明卖家联系方式并要求淘宝客在申请理由中备注推广方式和联系信息,便于后续的审核管理。

(6)网店数据:展示网店的销售数据和转化率等情况,利用各项数据吸引淘宝客推广。

任务二　数据分析与优化

　　数据分析与优化,是网店运营的重要工作,如网店 UV 涨幅、网店的 ROI 数据、网店日均 PV 等,这些数据作为网店运营状况的参考指标,能够帮助卖家更好地了解商品的成交转化率。店铺数据分析及优化工作流程如图 7-29 所示。

　　生意参谋是天猫/淘宝官方为卖家提供的综合性网店数据分析平台,具有流量、商品交易等网店运营数据展示、分析、解读、预测等功能。小吴便利用其对自己开设的"义方红糖"淘宝网店进行了数据分析与优化。

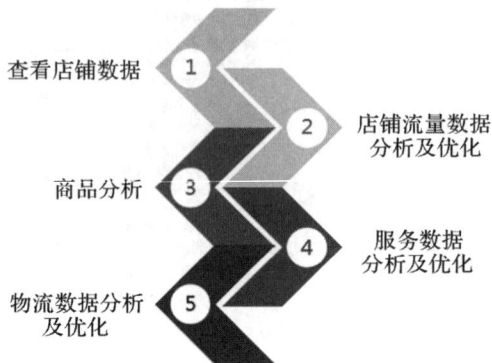

图 7-29　店铺数据分析及优化工作流程

知识速递

UV、ROI、PV

　　独立访客(Unique Visitor,UV):一般地,可以用两个数值来统计访问某网站的访客,即访问次数和独立访客(问)数。访问次数和独立访客数是两个不同的概念。

　　独立访客数相当于带身份证参观展览的人数,每一个出示身份证参观展览的人,无论出入几次,都只计作一次独立访问。这里所说的"身份证",在网络上就是访客的 IP 地址或踪迹。

　　投资回报率(Return On Investment,ROI):一般是指通过投资而应返回的价值,即企业从一项投资活动中得到的经济回报,也就是获得的收益和投入成本的比值。在电商中,则认为 ROI 等于卖家的投入产出比。

　　页面访问量(Page View,PV):又叫页面浏览量、点击量,是衡量一个网络新闻频道或网站甚至一条网络新闻的主要指标。用户每打开一个网站页面就被记录 1 次。用户多次打开同一页面,浏览量累计。所以,页面访问量是访客实际浏览过的网页数的总和,而不是某网站中的网页数总和。

步骤一:进入生意参谋

　　卖家进入淘宝后台,点击左侧导航栏"数据中心"模块,点击"生意参谋"即可进入生意参谋后台,如图 7-30 所示。

　　新开店铺需先进行订购才可使用,卖家可以通过淘宝后台导航栏"软件服务"模块下的"我要订购"进入服务市场,搜索生意参谋进行订购,如图 7-31、图 7-32 所示。

图 7-30　生意参谋入口

图 7-31　服务市场入口

图 7-32 生意参谋订购

步骤二:店铺流量数据分析及优化

淘宝官方将流量来源分为五大类,分别是自主访问、淘内免费、付费流量、淘外流量和其他来源,如图 7-33 所示。

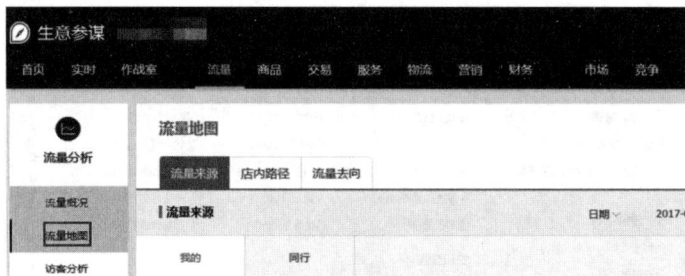

图 7-33 流量来源

✏️ **知识速递**

1.自主访问指用户主动进入网店,如从收藏夹、已买到的商品等;

2.淘内免费指用户通过淘宝内免费的流量渠道进入网店,如淘宝搜索、淘宝首页、淘宝频道页面等;

3.付费流量指用户通过淘宝内付费流量渠道进入网店,如直通车、钻石展位、淘宝客、聚划算;

4.淘外流量指用户通过其他非淘宝来源渠道进入网店,如百度、新浪微博、腾讯空间等;

5.其他来源指用户通过其他渠道(即非自主访问、非淘内免费、非付费流量、非淘外流量)进入网店。

生意参谋的流量分析模块中包含流量概况、来源分析、路径分析、页面分析、计划中心等五个部分,如图 7-34 所示。

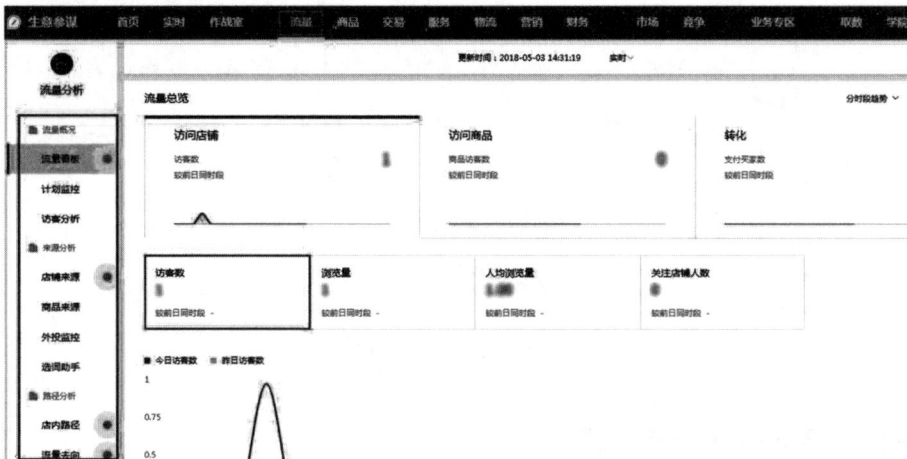

图 7-34　生意参谋流量分析

店铺的流量结构没有具体的标准,需要卖家综合店铺类目、推广渠道等多方面因素,将收集到的流量数据进行分析,如免费流量、付费流量、自主访问等分别占比多少,网店流量同比变化趋势,商品点击转化率等。据有关资料,不同页面的流量占比如图 7-35 所示。

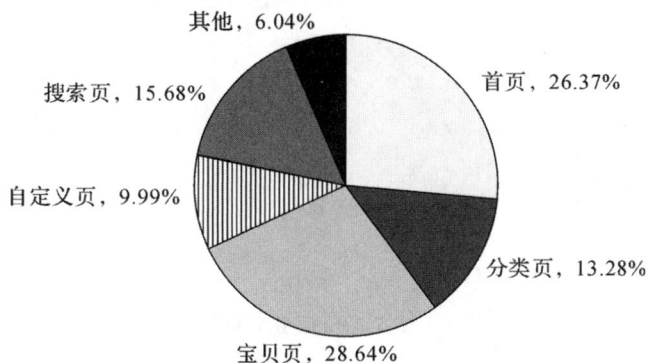

图 7-35　不同页面的流量占比

步骤三:商品分析

商品分析主要包括商品概况、商品效果、异常商品、分类分析、单品分析、商品温度计、销量预测、单品服务分析等八方面内容,如图 7-36 所示。

商品分析时需要关注不同商品的相关流量、访问质量和转化效果三方面,通过时间段数据的对比,了解商品流量、用户平均停留时长、商品成交量等数据变化的原因,从而进行优化调整。

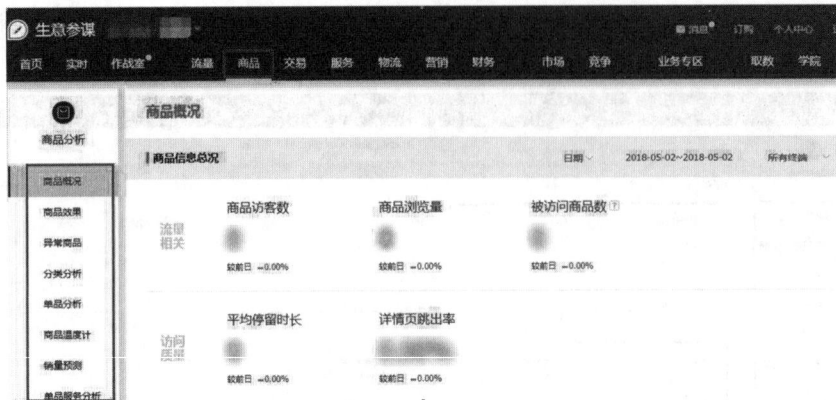

图 7-36　商品分析

步骤四：服务数据分析及优化

生意参谋服务数据分析包括维权概况、维权分析、评价概况、评价分析四部分内容，如图7-37所示。

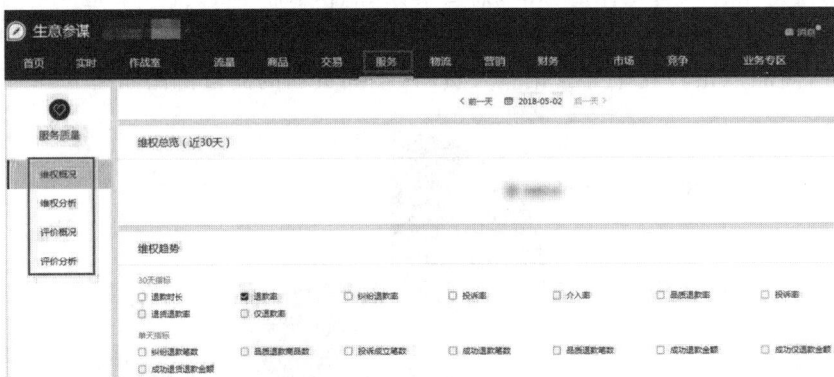

图 7-37　服务分析

（1）维权数据分析比较直观，包括退款时长、退款率、纠纷退款率、投诉率、品质退款率等多项指标。由于退款时长会影响店铺权重，故卖家在面对用户退款请求时应尽快处理。

（2）评价数据分析包括店铺 DSR 评分变化趋势与近 30 天负面评价商品排行。DSR 评分变化趋势分为描述相符评分、卖家服务评分、物流服务评分三部分。卖家可以通过 DSR 评分变化趋势图查看分数变动情况；近 30 天 TOP 负面评价商品包括商品名称、负面评价数、PC 围观人数占比、手淘围观人数占比、负面评价关键词等。卖家应针对负面评价关键词对负面评价做出解释并积极解决，围观人数占比高的负面评价尤其需要注意，若为产品问题则应主动道歉并主动为用户提供解决方案。

步骤五：物流数据分析及优化

生意参谋物流分析模块包括物流分析、物流管家、供应链服务三部分，如图 7-38 所示。

图 7-38　物流分析

　　卖家需要关注的是物流分析及物流管家两部分数据。物流分析数据包括物流概况、物流分布、物流监控等,通过搜集数据,卖家可以了解店铺物流的趋势、平均支付-发货时长、物流差评率等情况,从而有针对性地进行优化调整。

　　在物流关键数据中,卖家可以实时掌握包裹状态,面对用户的询问时能够快速作出回应,并且异常包裹模块的数据能够让卖家提前采取应对措施,如出现异常包裹时可及时联系物流公司询问情况,提前告知用户,减少因物流因素产生的差评。

【项目总结】

　　本项目的核心内容分为商业付费推广和数据分析与优化两部分。通过本项目的学习,学生能够对开设的淘宝网店进行直通车、淘宝客等商业推广,同时还能够独立分析网店的运营数据,并对网店进行优化,真正用运营的思维去经营网店,获取流量,提升转化率。

【相关知识】

一、直通车点击率提升方法

　　直通车点击率是衡量一个直通车账户等级高低的重要指标。卖家可通过如下方法优化直通车点击率,从而满足流量需求:

　　1.商品主图

　　商品的主图、款式、图片场景、清晰度等都会直接影响推广效果,卖家需要定期优化相关信息,通过测试选择各方面效果都好的商品图进行推广。

　　2.标题优化

　　若直通车标题吸引人,则会有更好的点击效果。一般地,直通车标题中含有秒杀、包邮、折扣、特价等促销元素,将有利于提升点击率。

3. 关键词选择

关键词的选择直接影响直通车推广效果,卖家可根据其点击量、转化率、ROI、排名、扣费等指标进行优化调整。质量得分主要用于衡量关键词与商品推广信息、用户搜索意向之间的相关性。

4. 站外推广

站外推广可通过出价、渠道选择等进行优化,最终与站内推广共同提升流量的转化率,形成品牌传播效应。

卖家也可以通过直通车提供的多纬度数据报表优化直通车的其他数据。

二、直通车的作用

直通车能给网店中的商品以及整个网店带来更多流量,提高商品和网店的曝光率。直通车的作用主要体现在以下几个方面:

1. 大大提高商品的曝光率

在直通车中推广商品,当买家搜索与此商品相关的关键词时就有机会被展现,大大提高了商品的曝光率,给卖家带来更多的潜在用户。

2. 流量转化率高

只有想购买该商品的顾客才会看到相应的商品,转化的流量都是购买意向明确的用户。

3. 能给整个网店导流

直通车能给整个网店导流,虽然推广的是单个商品,但很多用户进入网店后,一个点击带来的是一个甚至多个的网店内跳转流量。

4. 可参加更多的活动

可参加更多的淘宝促销活动,如不定期的直通车用户专享活动及淘宝单品促销活动。

三、影响成交转化率的因素分析

1. 主图与价格

主图能吸引用户点击访问,价格又是影响商品点击率高低的因素之一,当商品的价位符合买家消费层次时,其点击率就会提升。

在价格相同的情况下,主图的美化程度越高,给用户的印象越深,就越能吸引其点击主图进行访问。

2. 效果图与库存量单位

效果图是指在商品的首页直观展示给买家看的实物图片。效果图的质量能直接影响买家对商品的深度访问和成交转化率。

库存量单位(Stock Keeping Unit,SKU)指宝贝的销售属性集合,供买家在下订单时选择,如款式、颜色分类、尺码以及商品规格等。每一款商品都有属于自己的 SKU,例如,某服装网店某款衣服有四个尺码(S 码、M 码、L 码、X 码),有三种颜色(粉色、红色、绿色),那么该款衣服就对应着 $4×3=12$ 组 SKU。

3. 累计评论

累计评论指用户在已经买到或者是使用过商品后,对该商品的颜色、质量等做出全方位的评价。商品的累计评论和成交记录已经成为很大一部分买家下单的重要参考依据。

4.细节图与售后保障

细节图的主要作用是突出卖点。卖家通过图片的方式,将商品的设计细节、做工细节、材质细节以及辅助材料、售后保障等因素放大展示,从而达到更清楚地介绍商品、美化商品详情页的目的。

四、生意参谋

生意参谋由以下七个部分组成:

1.首页

首页是常见功能模块聚合入口、商家运营阵地(图7-39)。

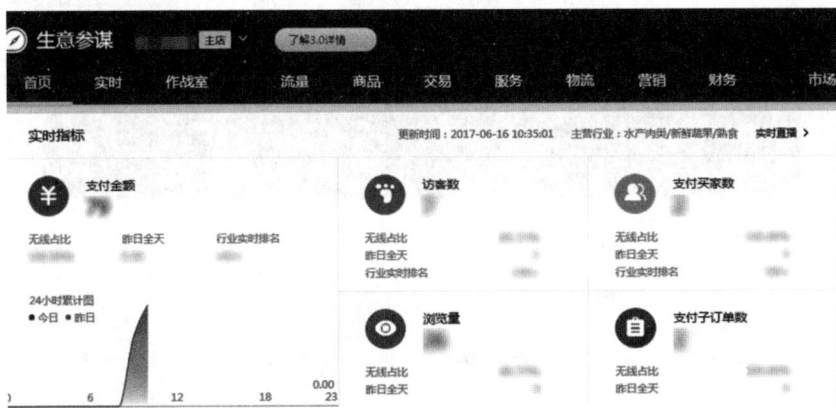

图 7-39　生意参谋首页

2.实时直播

以网店实时动态数据为切入点,提供实时数据的查询与分析,如图7-40所示。

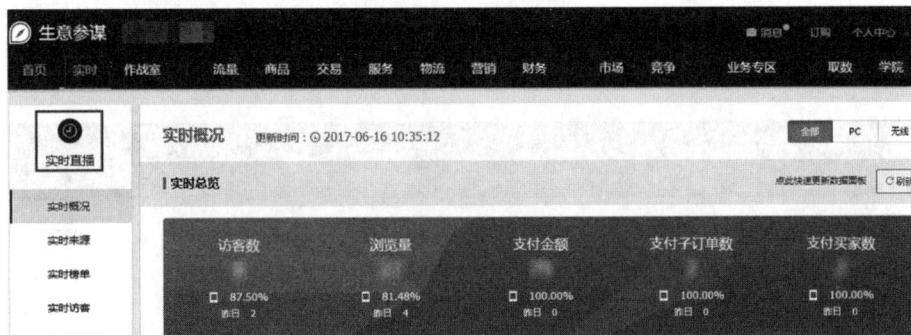

图 7-40　实时直播

3.经营分析

以电商经营全局链路为主思路,结合大环境,对经营各个环节进行分析、诊断、建议、优化和预测,如图7-41、图7-42所示。

4.市场行情

以行业分析、竞争情况为切入点,对市场行情进行分析。

5.自助取数

提供数据定制、查询、导出等高端数据服务,灵活可配置,周期可定制,如图7-43所示。

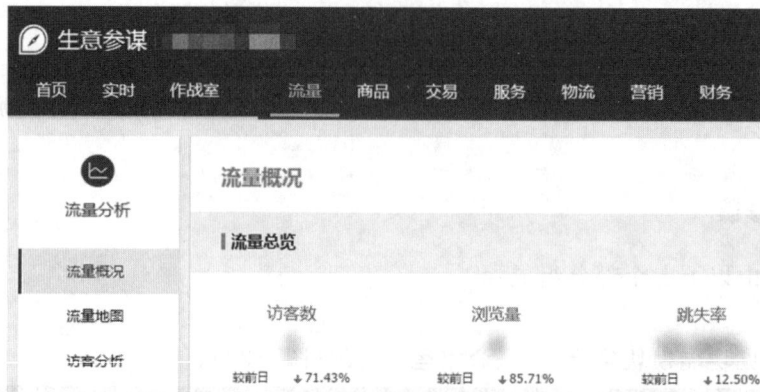

图 7-41　经营分析(一)

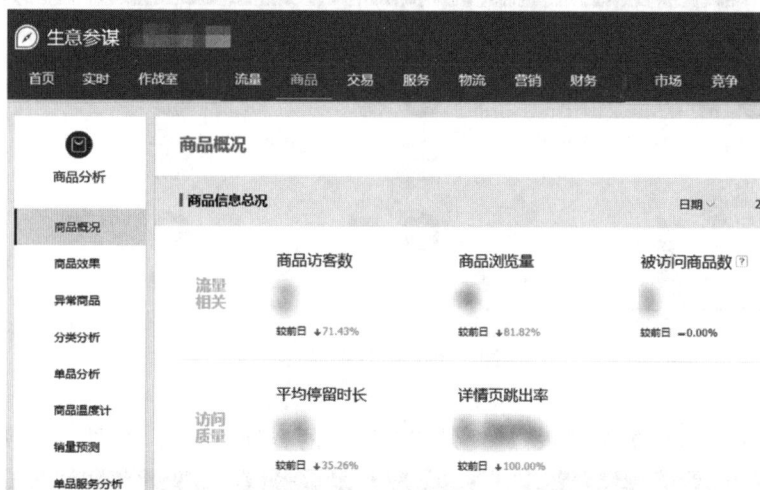

图 7-42　经营分析(二)

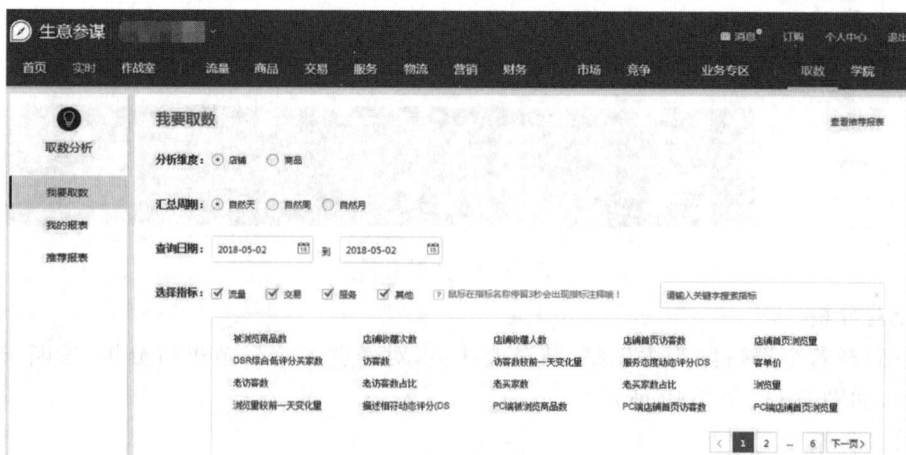

图 7-43　自助取数

6.业务专区

着重专题分析和一站式优化工具,含竞争情报、选词助手、行业排行、单品分析、商品温度计、销量预测等专项功能,如图 7-44 所示。

图 7-44　专题工具

7.数据学院

数据学院是生意参谋团队致力培养卖家数据化运营能力的学习互动平台,帮助商家快速了解生意参谋产品功能,理解数据意义,提升数据化运营能力,如图 7-45 所示。

图 7-45　数据学院

【同步实训】

一、实训目的

本实训项目为电商创业之网店运营。学生通过本项目的学习,能够掌握多种引流方式的策划步骤、实操方法以及分析优化的能力。

二、实训软硬件

1.连接网络的电脑、智能手机等。
2.相关实训软件。

三、实训分组

学生分组,并选出各组组长,以小组为单位针对实训背景进行操作。

四、实训背景

实训开始前,请教师设定一个案例背景,比如选择某种类目的某款商品。

五、实训任务

实训任务一　商业付费推广

学生针对教师提供的案例背景进行分析,填写表 7-1。

表 7-1　商业付费推广实训

淘宝客	完成新建定向计划和多种方式的淘宝客招募
直通车	新建宝贝推广计划

实训任务二　数据分析与优化

学生针对教师提供的案例背景进行分析,填写表 7-2。

表 7-2　数据分析与优化实训

宝贝标题	利用生意参谋分析优化宝贝标题
宝贝图片	图片设计要突出重点,文案策划要合理

项目八 电商创业之日常管理

在微网店运营过程中,日常管理不容忽视,这直接关系到微网店的生存以及发展。该项目通过学习微网店日常管理基础知识,并实践操作,使读者能够在创业平台上架新品,管理并优化微网店商品,此外,进一步掌握订单管理的方法,了解客服催付、客户关怀策略,能够合理选择物流及设置运费,为电商创业积累系统的专业知识和实践经验。

学习目标

知识目标

1. 明确管理商品的步骤和注意事项;

2. 了解客户关怀策略的内涵。

能力目标

1. 能够查看和处理各类订单;

2. 掌握会员管理的方法;

3. 能够针对不同的地区设置不同的运费方案。

情感目标

通过对网店日常管理内容的学习,进一步提升对微网店的经营能力。

项目情景

小吴的微网店逐步迈入正轨,随之而来的是微网店的日常管理工作,其中有很多需要注意的事项,小吴将从商品管理、订单管理、客户管理、物流管理这四个方面分别了解网店日常管理相关知识以及需要掌握的技能。

任务分解

任务一 商品管理

本任务依托"义方红糖"微网店讲述商品管理工作。商品管理包括商品添加、上架、下架、商品编辑修改、商品删除等。商品管理功能提供商品的分类管理、商品资料的录入维护、商品的价格设置等。

一、查询商品

进行商品管理,首先要了解微网店现有商品的具体情况。小吴通过"义方红糖"后台即"博星卓越"网上创业平台进行查看,具体操作如下:

(1)登录"博星卓越"网上创业平台。

(2)点击"商品管理"下方的"平台商品",进入商品列表页面,如图 8-1 所示。

图 8-1 "博星卓越"网上创业平台商品列表页面

(3)查看商品,小吴按照商品的状态(全部、暂不上架、已上架和已下架)、类别、条码、名称查询相关商品,如图 8-2 所示。

二、管理商品

"博星卓越"网上创业平台提供了上架、下架、修改、删除、批量上架、批量下架、批量删除商品等管理功能,如图 8-3 所示。

发布成功的新品状态为"暂不上架",可以设置其上架。此外,小吴也可根据经营需要对微网店其他商品进行下架或者删除操作。

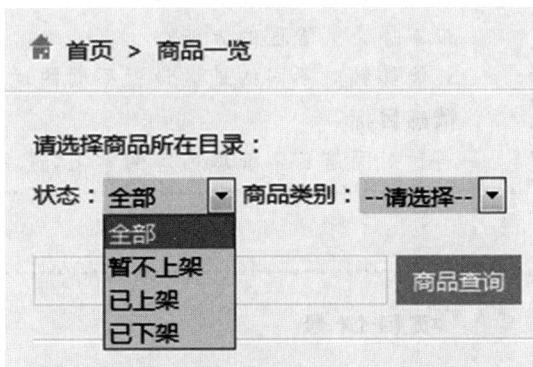

图 8-2 商品查询

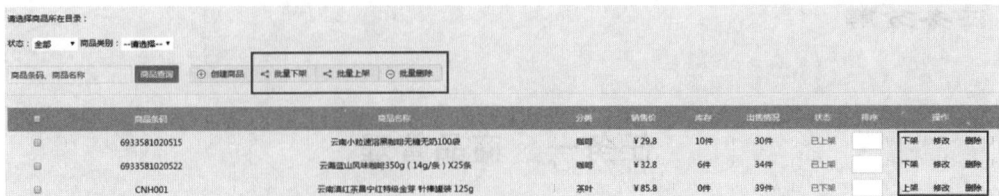

图 8-3 商品管理功能

商品管理的职能

以市场为导向,通过科学的需求规划,合理订货,减少订货库存,控制预估库存,消化事实库存,加快商品到现金的流转速度,实现商品销售最大化和库存最小化,从而保证网店的可持续健康发展。

三、发布、上架新品

通过点击"博星卓越"网上创业平台"商品管理"下方的"创建商品",进入创建商品页面,如图 8-4 所示。

小吴依次填写商品基本信息、上传商品图片、补充图文说明和商品属性,然后上架新品,具体步骤如下。

1. 填写商品基本信息

"博星卓越"网上创业平台的商品基本信息包括商品条码、名称、分类、图片、价格、库存等信息。商品分类一定要和前期的分类一致,方便后期管理。建议商品图片尺寸为 300 像素×300 像素。商品信息如实填写即可。由于商品的其他信息(图文说明、商品相册、商品属性)还没有设置完成,小吴将上架设置选为"暂不上架",如图 8-5 所示。

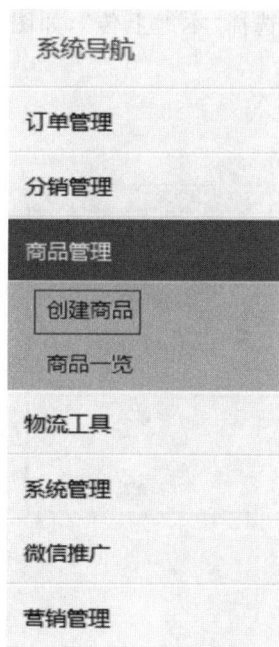

图 8-4　创建商品页面

图 8-5　商品基本信息设置

2.编辑图文说明

图文说明,也叫商品详情,是由文字、图片、视频等构成的,向客户介绍商品特点、使用方法等。图文说明是提高转化率的入口,通过有效的图文说明,可激发客户的消费欲望,树立客户对微网店的信任感,促使客户下单。

首先,点击"图文说明"进入编辑页面,如图8-6所示。

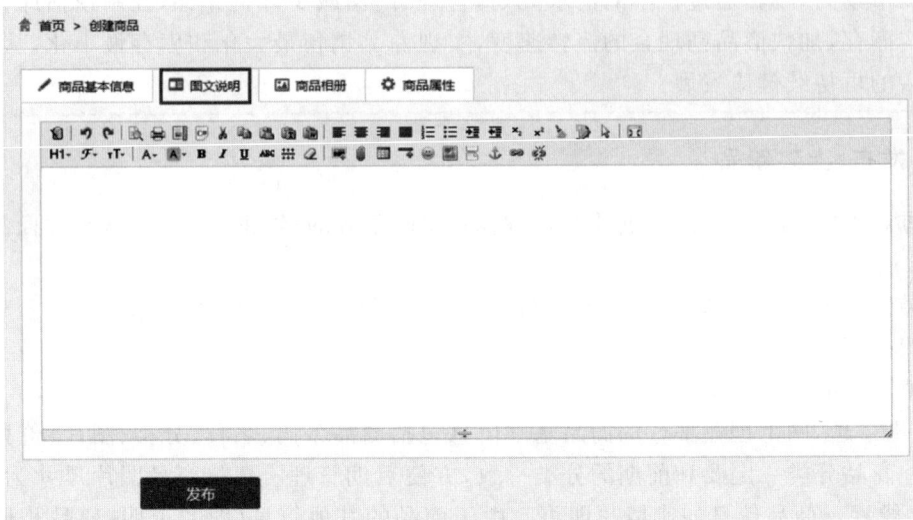

图8-6　"图文说明"编辑页面

小吴前期设计的"义乌红糖1000克古法红糖罐装"商品图文说明展示内容有品名、配料、净含量、保质期、质量等级、食用方法等。点击"图片"按钮,选择"本地上传",如图8-8所示。将设计好的商品图文说明图片上传,点击"发布"。

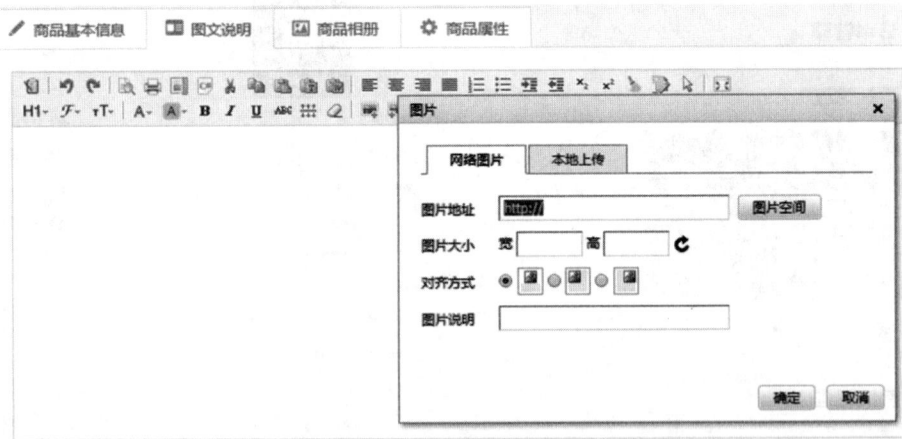

图8-7　本地上传图片

小吴设计的商品详情部分页面如图8-8、图8-9所示。

3.上传图片至商品相册

在"商品相册"上传该商品的主图,建议图片尺寸为640像素×642像素,如图8-10所示。

图 8-8　小吴设计的商品详情部分页面(1)

图 8-9　小吴设计的商品详情部分页面(2)

图 8-10　商品相册

知识速递

商品主图设计技巧

1. 素材一定要清晰,曝光准确,大小合适,展现角度完美。

2. 第一张主图应是商品主图,充分利用展示区,底色为单色,商品要突出,需占图的三分之二。

3. 第二张是商品的次主图,让客户对商品有直观的认知。

4. 不要有太多的宣传,文案简洁,直击要点。

5. 五张商品主图尽量色系统一。

6. 图片不要有边框,不要将多张图拼在一起,一张图片只反映一方面内容。

4. 添加商品属性

在"商品属性"里添加产品参数,如图 8-11 所示。点击"添加自定义属性",可以添加更多行参数。商品属性添加完成之后点击"发布"按钮。

图 8-11 添加商品属性

以上工作完成后，检查所有信息无误，将商品状态"暂不上架"修改为"上架"，此时，小吴已经将一款新商品上架成功。接下来小吴按照上述步骤上架其他商品即可。

知识速递

商品参数

商品参数是指商品满足人们某种需求需要标明的某些特征值，包括长度、宽度、高度、密度、质量、物理特性、规格、使用的行业标准、原料、生产工艺、各种化工原料的添加值、性能、产地、储存环境、使用寿命、结构等。

任务二 订单管理

微网店"义方红糖"商品上架之后，经过一段时间的推广，终于迎来了第一批订单。在微网店的经营过程中，如果订单处理不及时，很容易招致客户的不满，进而影响微网店的信誉及客户对商品的评价。

小吴所在的创业平台为广大卖家提供了非常完善且划分细致的订单管理功能，它不仅能帮助卖家快速了解订单详情，同时还便于卖家管理订单。

一、查看订单

登录"博星卓越"网上创业平台，点击"订单管理"进入订单管理页面。某网上创业平台"订单管理"页面如图 8-12 所示。

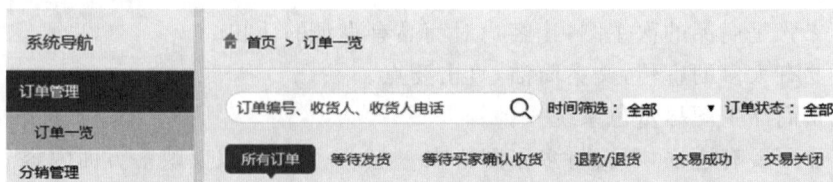

图 8-12 某网上创业平台"订单管理"页面

订单管理拥有五项基本功能，分别是等待发货、等待买家确认收货、退款/退货、交易成功和交易关闭。除此之外，还有一个"搜索"订单的功能。

二、处理未付款订单

新手卖家对未付款订单了解不透彻,经常会因为处理此类订单不当而错失客户。对于这种订单,小吴会及时与客户取得联系(打电话、发短信或通过微信和 QQ,以客户在订单中留下的信息而定),探究其未付款的原因。只有知道了客户未付款的原因,才能寻找对策,争取成交。注意:一定要及时处理,否则会影响这种订单的成交率。

一般来说,对于收件人信息没有填写完整且已关闭的订单,卖家无须处理。而对于收件人信息已经填写完整却未付款的订单,应该主动与客户取得联系,询问具体情况,然后根据实际情况做出相应的处理,以促使此类订单能够"起死回生"。

三、处理付款订单

通常只要客户将选中的商品放入购物车并成功付款后,网上创业平台就会自动向小吴发送一条提示消息。收到提示消息后,小吴会尽快向客户发货,具体操作如下。

1. 进入订单页面

在"等待发货"的订单里,只要点击其中任何一个订单,就会进入订单详情页面,选择"发货"即可,如图 8-13 所示。

图 8-13 订单详情页面

2. 完善快递信息

在发货页面,可以看到"快递公司"和"快递单号",如图 8-14 所示。

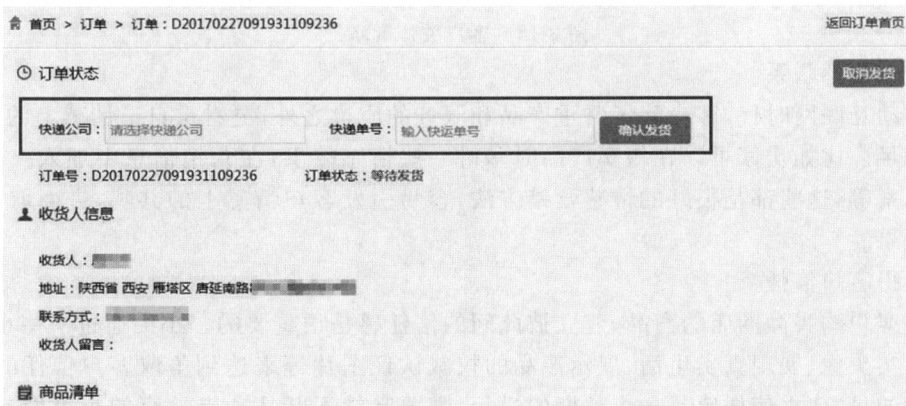

图 8-14 选择"快递"处理订单

如果小吴选择快递发货,可以在网上创业平台的合作快递公司中进行选择,比如顺丰速运、圆通速递等。填写完相关信息之后,点击"确认发货"即可。

任务三　客户管理

经过一段时间的推广和运营,"义方红糖"微网店的客户越来越多,积累了不少客户资源。为了更好地为客户提供优质的服务,小吴决定对新老客户进行等级分类,针对不同等级的客户提供更有针对性的服务,制定客户关怀策略。

知识速递

客户关系管理

客户关系管理(Customer Relationship Management,CRM)的定义是:企业为提高核心竞争力,利用相应的信息技术以及互联网技术来协调企业与客户间在销售、营销和服务上的交互,从而提升其管理方式,向客户提供个性化服务。其最终目标是吸引新客户、保留老客户以及将已有客户转化为忠实客户,增加市场份额。

一、客户关怀策略

管理学家克拉特巴克提出:"客户关怀是服务质量标准化的一种基本方式,它涵盖了公司经营的各个方面,从产品或服务设计到如何包装、交付和服务。"

如果想要微网店有不错的发展,客户关怀也是关键的一环,要不断吸引新客户,并把他们变成老客户。小吴计划从四个方面进行客户关怀,如图 8-15 所示。

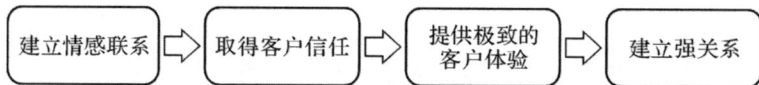

建立情感联系 ⇒ 取得客户信任 ⇒ 提供极致的客户体验 ⇒ 建立强关系

图 8-15　客户关怀策略

1. 建立情感联系

在移动互联网时代,客户除了看重产品和服务的质量之外,更看重自己情感上的需求能否得到满足。比如卖家可以在售卖产品时多讲一些情感故事,在营销信息中加入一些娱乐互动性元素等,这些都是很好的情感营销方法,容易引发客户情感上的共鸣,进而取得较好的营销效果。

2. 取得客户信任

要想客户购买微网店的商品,建立彼此间的信任感是很重要的。小吴通过一些小技巧,如使用真实头像、展现真实生活、展示产品的权威认证图片等来达到争取客户信任的目的。需要注意的是,建立信任感是一个长期的过程,需要坚持不断从一点一滴的小事做起,这样才能取得成效,与客户建立起真正的信任。

3. 提供极致的客户体验

在为客户提供服务时,不能仅仅是为了成交,同时要思考为客户提供极致的购物体验,这样才能获得客户最大程度的好感。例如,小吴在客户购买前会提供详细的品类推荐,在客户购买后会提供快速的配送服务和贴心的查访服务,这就是为客户提供极致体验的表现。

4.建立强关系

与客户成功建立了关系并不意味着成功,如何将这种关系转变为长期、稳固的强关系,才是卖家应该认真考虑的事情。可以通过开展同城或异地活动,建立线下体验店,定期向老客户进行需求调查等方式,不断加深与客户间的联系,与客户实现友好的互动交流,从而达到建立强关系的最终目的。

二、进行会员管理

为了让卖家更好地管理客户,增加复购,减少客户流失,网上创业平台设计了客户管理模块。

与微网店有过交易记录的客户,都会在网上创业平台中留下信息。小吴可以从多角度查询、统计客户的发货记录、交易记录等,如图 8-16 所示。然后,再将这些客户基本资料进行共享集成,小吴根据这些数据分析客户喜好,从而有针对性地进行推广。

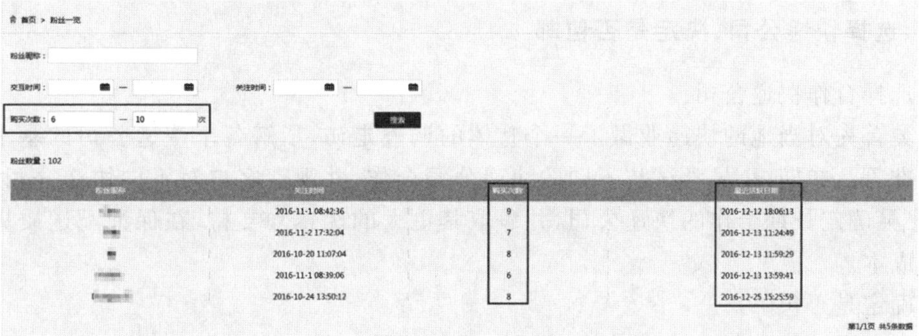

图 8-16　网上创业平台粉丝查询结果

小吴根据客户购买次数、总订单数和总消费金额在微信公众号后台将客户进行分组管理,分为核心客户、重点发展客户、重点保持客户、重点挽留客户,如图 8-17 所示。

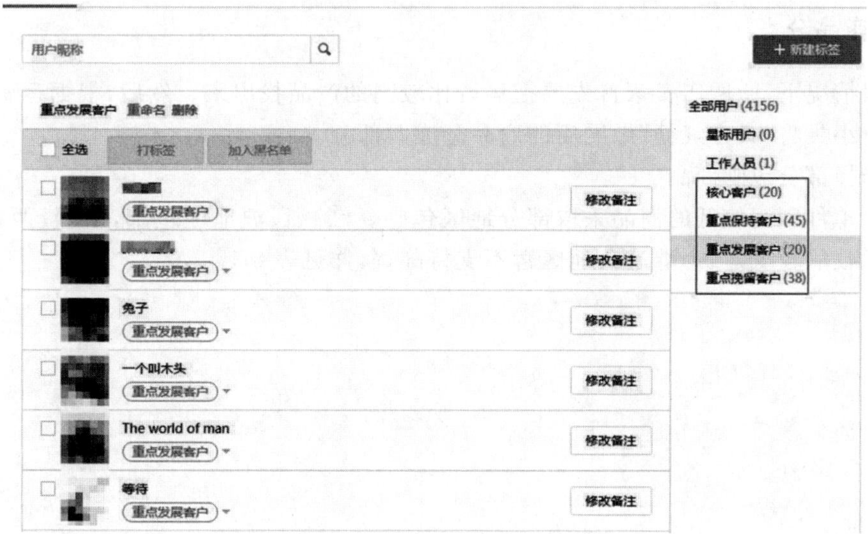

图 8-17　客户分组

其中,核心客户指购买次数多,且最近有购买的客户,这些客户是微网店里较为核心且重要的一批客户;重点发展客户指最近有购买,但是购买次数少的客户,这些客户有发展成核心客户的潜力,需要重点发展;重点保持客户指购买次数多,但是最近没有购买的客户,这类客户属于微网店的老客户,需要重点关照一下,很容易促成复购;重点挽留客户指近期无交易,购买次数少的客户,这类客户处在流失的边缘,建议有针对性地做一些老客户召回活动进行挽留。

任务四　物流管理

物流运费在微网店运营过程中是一项重要的经营支出,选择合适的快递公司并构建起良好的合作关系,无论是对提升微网店的服务质量还是降低经营成本都有着重要的作用。

一、选择快递公司,决定是否包邮

1.选择合作快递公司

小吴首先对当地的快递业做了一个整体的调查走访,了解各个快递公司的基本政策和收费标准等。初期,小吴尝试与不同的快递公司合作,并观察客户对不同快递公司的评价,最终,小吴确定长期合作的快递公司,并争取其更大的优惠和支持,在保证配送质量的前提下节约成本。

2.确定是否包邮

是否提供包邮服务,对于小吴来说是一个重要的经营决策。

一般情况下,在单件商品利润有保证的情况下,小吴尽量提供包邮服务,但如果单件商品利润很低,仅仅是几块钱,又支持单件出售,此时包邮显然是不可取的,这就需要设置多少件以上包邮,或者是取消包邮服务。

二、商品分类

一般情况下,微网店卖家首先要把运费比较高的产品找出来。然后,根据运费对产品进行分类。小吴将"义方红糖"微网店的商品分成两部分。

1.选择部分包邮商品

部分单件利润较低的商品采取部分地区包邮。江、浙、沪地区包邮,新疆、西藏不包邮,其他地区收取较低运费,港澳台地区暂不支持邮寄,详见表8-1。

表 8-1　部分包邮具体情况

是否包邮	地区	邮费(计价方式:按件数)
包邮	江、浙、沪地区	0
收取较低运费	北京、天津、河北、山西、内蒙古、辽宁、吉林、黑龙江、安徽、福建、江西、山东、河南、湖北、湖南、广东、广西、海南、重庆、四川、贵州、云南、陕西、甘肃、青海、宁夏	默认运费1件以内5元,每增加1件,增加运费3元
不包邮	新疆、西藏	默认运费1件以内20元,每增加1件,增加运费15元
其他	港澳台地区暂不支持邮寄	/

2.选择包邮商品

单件利润有保证的商品,小吴提供了包邮服务。新疆、西藏、内蒙古地区不包邮,港澳台地区暂不支持邮寄,其他地区包邮,详见表8-2。

表 8-2　包邮具体情况

是否包邮	地区	邮费(计价方式:按件数)
包邮	北京、天津、河北、山西、辽宁、吉林、黑龙江、上海、江苏、浙江、安徽、福建、江西、山东、河南、湖北、湖南、广东、广西、海南、重庆、四川、贵州、云南、陕西、甘肃、青海、宁夏	0
不包邮	新疆、西藏、内蒙古	默认运费1件以内20元,每增加1件,增加运费15元
其他	港澳台地区暂不支持邮寄	/

三、制定运费方案

登录"博星卓越"网上创业平台,点击"物流工具 → 运费方案"进入添加运费方案页面,如图 8-18 所示。

知识速递

运费方案

运费方案(也叫运费模板)就是为一批商品设置同一个运费,如果需要针对不同地区或者件数来调整运费,就可以通过运费方案来实现。

小吴依次填写方案名称、概要说明、商品地址,选择"区域限售"为"限售"。点击"给指定区域设置邮费",可以选择指定的地区设置邮费,如图 8-19 所示。

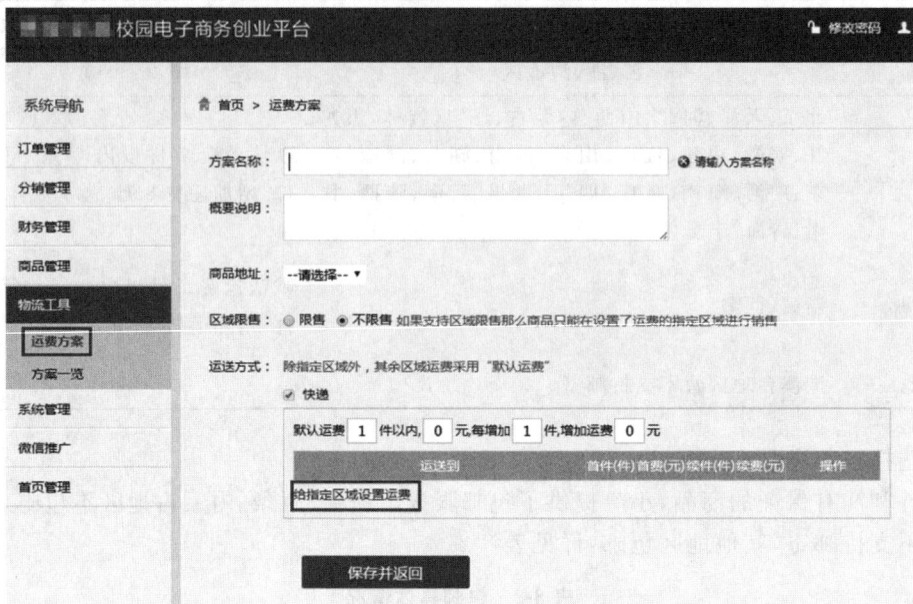

图 8-18　添加运费方案页面

图 8-19　给指定区域设置邮费

　　设置上海、浙江、江苏、北京等地区为包邮；西藏、新疆、内蒙古等偏远地区收取邮费，台湾、香港、澳门这几个地区暂不支持销售，在"区域限售"设置中选择"限售"，且在设置运费方案时不勾选港澳台地区。制定的运费方案如图 8-20 所示。完成之后，检查无误，点击"保存并返回"。

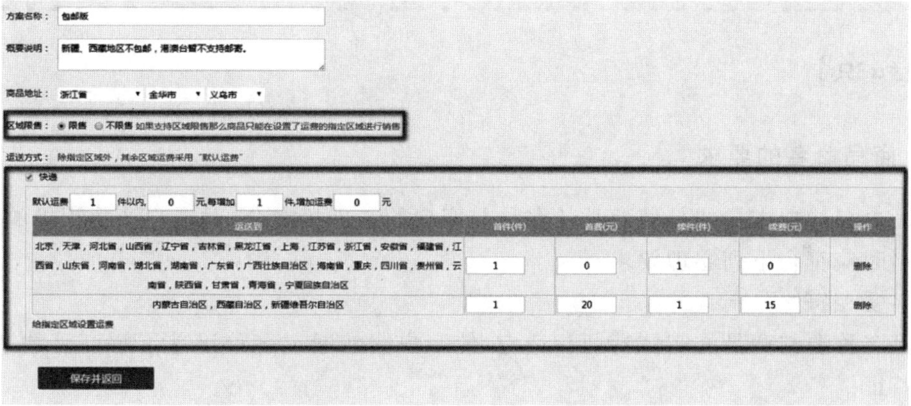

图 8-20　小吴制定的运费方案

四、为商品添加运费方案

进入"商品管理→平台商品"页面，搜索商品，点击"修改"，如图 8-21 所示。

图 8-21　网上创业平台商品列表

在"商品基本信息"页面，修改运费方案为上个步骤制定的运费方案，如图 8-22 所示。修改之后点击"发布"。

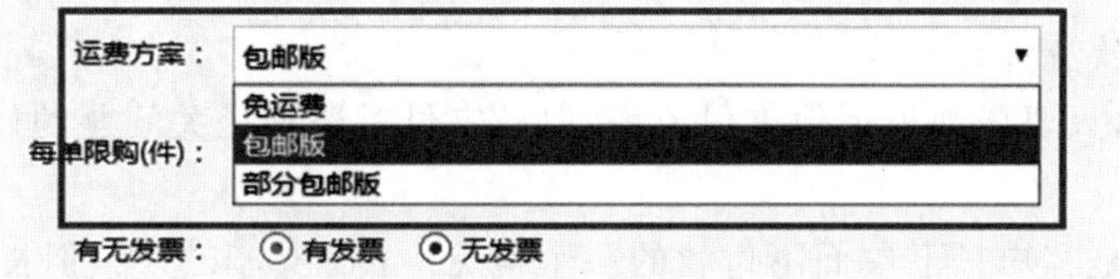

图 8-22　修改运费方案

小吴按照上述步骤修改了其他商品的运费方案。

【项目总结】

本项目在传授知识、形成技能、提高素质的过程中使读者具备微网店管理的能力。商品管理这一部分首先要明确商品管理的工作内容，主要掌握创建商品时如何为商品命名，在设计商品主图时注意应用设计技巧。订单管理这一部分主要掌握未付款订单的产生原因及客服催付策略，并能够及时处理付款订单。客服管理部分是本项目的难点，这里读者主要掌握客户关怀策略及会员管理的技巧。物流管理相对比较简单，通过学习，读者要具备商品运费设置能力。

【相关知识】

一、商品命名的要求

商品命名的根本目的是使商品的名称与客户的心理相吻合,对客户产生积极的影响,所以在命名时应符合下列心理要求:

1. 名实相符

商品名称要与商品的实体特征相适应,使客户能够通过名称迅速了解商品的基本效用和主要特征。

2. 便于记忆

商品的名称主要用来吸引客户,加深客户对商品的印象,所以商品的名称应易读易记,以便减轻记忆难度。

3. 引人注意

这是商品命名最主要的目的。好的商品名应能在众多同类商品名称中脱颖而出,迅速引起客户的注意。

4. 激发联想

激发联想是商品名的一项潜在功能。通过名称的文字和发音使客户产生恰当、良好的联想,可以引发其良好的心理感受,激发购买欲望。

二、未付款订单的产生原因及客服催付策略

未付款订单的客户是最有希望成交的客户。通过与之沟通,会发现客户没有付款,不外乎如下几个原因:

1. 不了解付款流程

对这类客户,只要详细告诉他支付流程,以及支付时遇到相关问题的处理方法即可。

2. 犹豫不决

犹豫不决也是客户只下单而不付款的一个常见原因。本来想买,但提交订单后有些犹豫,所以就没有付款。客户有可能是对商品质量心有疑虑,或者觉得价格有点儿高,也有可能是对网购的信任度不够。客服需要针对客户的真实原因,解开其心结。

例如,客户觉得价格贵,客服可以重点谈谈商品的性价比,让客户认为该商品是物有所值的。如果客户还是下不了决心,客服可以在合理的范围内给予优惠,或者赠送一些小礼品,以此促使客户下单。对于网购信任度的问题,可以从"7天无理由退换货"和"担保交易"等方面来进行说服,让客户尽可能打消顾虑。

【同步实训】

一、实训目的

本实训项目为电商创业之日常管理。学生通过本项目的学习,能够完成商品标题的编

辑、商品主图的上传、商品上下架等一套完整的商品发布流程。

二、实训软硬件

1.连接网络的电脑、智能手机等。

2.商品相关素材图。

三、实训分组

学生分组,并选出各组组长,以小组为单位针对实训背景进行操作。

四、实训背景

实训开始前,学生首先了解如图 8-23 所示素材。

图 8-23 红糖酥饼素材

五、实训任务

在之前的实训中已选定适合进行义乌红糖酥饼推广的移动端平台,现在就要按照平台要求,完成商品信息的填写以及商品发布工作。

实训任务一 确定产品属性

根据教师所提供的素材,以小组为单位,以情景扮演的方式,加深对店铺商品属性的掌握,填入表 8-3 中。

表 8-3　店铺商品属性

确定店铺商品属性	

实训任务二　产品描述中合理布局关键词

以小组为单位,了解产品描述中合理布局关键词的方法和注意事项,加深对产品描述中合理布局关键词的掌握,并填写表 8-4。

表 8-4　合理布局关键词

关键词搜集方法	搜索下拉菜单,同行业店铺关键词
关键词的布局	偏正短语＋后补短语

实训任务三　填写产品基本信息

学生通过登录实训软件,根据教师提供的图片和素材详情,以小组为单位,先对图片进行分类排序,然后分别填写产品各项基本信息,完成表 8-5。教师对学生完成的任务进行点评。

表 8-5　产品基本信息

选择宝贝类目	按步骤选择类目
宝贝属性和规格填写	宝贝属性的填写,宝贝规格的填写
宝贝主图上传	主图图片上传,主图视频上传
宝贝详情页上传	图文内容

实训任务四　完成产品发布

学生通过登录实训软件,了解相关设置,以小组为单位,完成产品发布,填写 8-6。教师对学生完成的任务进行点评。

表 8-6　完成产品发布

宝贝上下架设置	
宝贝橱窗推荐	

项目九　电商创业之综合实训

随着互联网技术的飞速发展以及人们消费习惯的转变,网上购物因其便利性、丰富性而成为越来越多人的购物首选。本项目将通过典型案例演示在"博星卓越"网上创业平台进行网店创业的系统过程。通过本项目的学习,使读者了解电商创业项目在实际操作过程中的思路、策略和方法,从而积累创业经验。

学习目标

知识目标

1.了解平台功能;

2.明确货源选择的要点;

3.明确订单管理、物流管理、客服管理的要点和注意事项。

能力目标

1.掌握消费者分析的方法;

2.能够完成网店名称和店标的设计;

3.熟练掌握商品创建及商品上下架的操作方法;

4.能够完成微信推广内容的撰写。

情感目标

通过电商创业实际操作,积累创业经验,树立创业信心。

项目情景

义乌的红糖文化历史悠久,是义乌的特产之一,随之衍生了红糖麻花,外面的红糖香甜可口,里面的麻花外脆内酥,吃一口满嘴留香,令人赞不绝口。每年慕名到义乌买红糖麻花的人络绎不绝。鉴于上述情况,此次我们以红糖麻花作为目标商品,进行电商创业。

任务一　开店前期准备工作

一、确定电商创业平台

现今电商平台众多,结合自身实际情况及目标市场分析,选择合适的电商创业平台对初创者来说非常重要。通过对已知的电商平台进行比对分析,"博星卓越"网上创业平台无佣金要求,并且可按需求定制,对于启动资金有限的创业者来说,颇具优势,如图 9-1 所示。

图 9-1 "博星卓越"网上创业平台

此外,"博星卓越"网上创业平台可与微信完美对接、融合,方便微信营销,突出社交营销的价值,如图 9-2 所示。

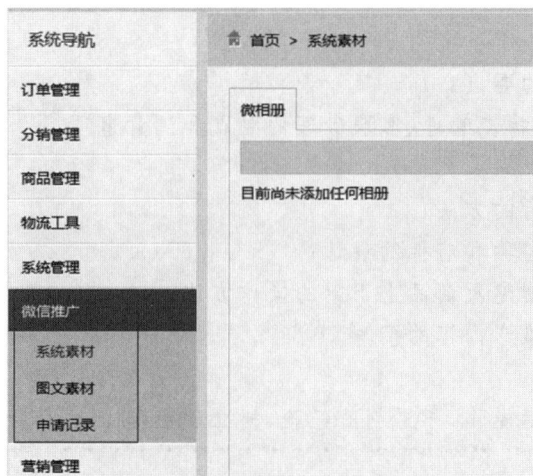

图 9-2 "博星卓越"网上创业平台微信推广

二、货源寻找

确定了平台,就要着手货源的寻找。很多新手卖家在创业初期最大的困扰就是货源市场,其中,线上的网络渠道和线下的批发市场是网店进货的主要渠道,这两个渠道的入门门槛较低,且卖家的自主选择权相对较高。

(一)线上渠道

1. 综合性网站

综合性网站包括 1688 市场、马可波罗、慧聪网等,在官网分别搜索得出,1688 市场"义乌红糖麻花"相关商品最多,可选择性较大,如图 9-3 所示。

从搜索结果中选择其中一款商品进入主页,可以清晰看到商品价格、月成交量、公司名称等信息,并且商家根据购买量的不同对价格进行灵活调整,这对于新手卖家来说颇具优

图 9-3　1688 商品搜索页

势,如图 9-4 所示。此外,可在线联系客服,与客服联系询问商品信息,客服服务态度较好。

图 9-4　商品详情

2.垂直性网站

相较于综合性网站产品品类的多而全,垂直性网站则相对聚焦某一品类,如食品、服装、工业品等,更能满足个性化需求,同时,因为品类聚焦,可选择性相对较多。垂直性网站中聚焦食品类的有中国特产网、食品商务网,如图 9-5 所示,提供丰富的食品品类,且可议价。此外,为了配货及时,可以直接选择当地商家进货,灵活方便。

结合上述优点,线上选定 1688 市场及中国特产网、食品商务网作为进货渠道。需要注意的是,因为是新手卖家,市场销量不可预估,暂时不要一次性订购大量货物。

(二)线下渠道

1.线下批发市场

线上渠道之外,线下批发市场也是很多新手卖家挑选商品的备选项,尤其是在开店初期,如果销量不大,当地批发市场就可以满足需求。

图 9-5　食品商务网详情页

选择批发市场进货的优势很明显,比如批发市场的商品种类很全,每一种商品的批发商也很多,有利于卖家对比选择。并且,在批发市场进货也比较方便,几乎每个大城市都会有几家批发市场,只要在批发市场的营业时间内,卖家随时可以选择商品,而不像去厂家进货需要花费大量的时间。此外,虽然批发市场的价格比厂家拿货要高一些,但与其他货源相比,价格还算低廉,给网店留出了很大的利润空间,更有利于薄利多销。

2.厂商直供和特许专卖

线下除了大型的综合批发市场外,也可以与当地的生产厂商直接合作,既能现场检验商品品质,又使得小批量多次进货成为可能,灵活可控,降低了库存风险。此外,可与一些已经形成品牌且寻求代理的商家进行合作,获得特许专卖的授权,对于新手卖家来说可以借助品牌优势吸引更多用户关注。

综上,可以结合自身实际情况将线上和线下进货渠道相结合,防止突发情况造成商品短缺,为后期网店运营带来阻碍。

三、消费者分析

进行消费者分析的目的是了解目标消费者的特征,明确目标消费者的需求,开展相应的营销推广活动,一方面可吸引尽可能多的消费者,另一方面是让消费者发生连续购买行为。

首先,进行初步界定。初步界定是对用户的年龄、爱好、地区分布等基础信息进行界定,该过程一般来讲是通过 360 趋势、百度指数进行查询。图 9-6、图 9-7 为 360 趋势分析的"红糖麻花"所涉及的用户画像及地域分布。

通过以上数据可知,红糖麻花的用户有以下特征:

(1)女性消费群体为主。

(2)25~34 岁为主要消费年龄段。

(3)消费区域集中于浙江、安徽、广东、北京等地。

红糖麻花作为休闲零食,结合上述用户群体特征,可进一步确定该商品的适用场景为办公室、家庭等。

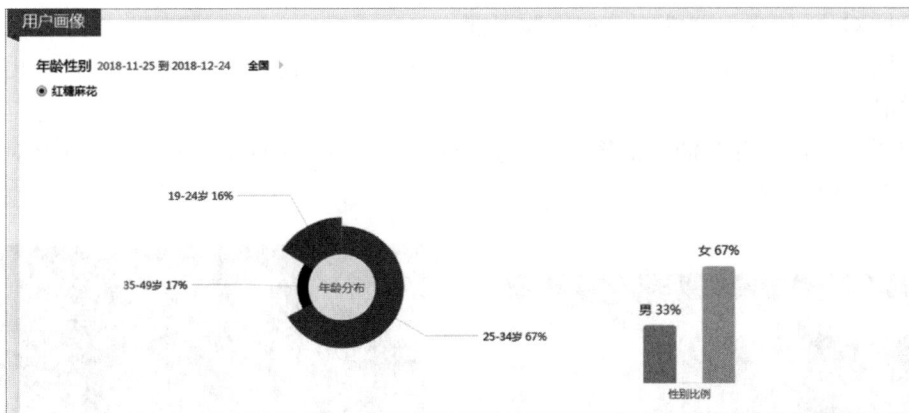

图 9-6　360 趋势用户画像

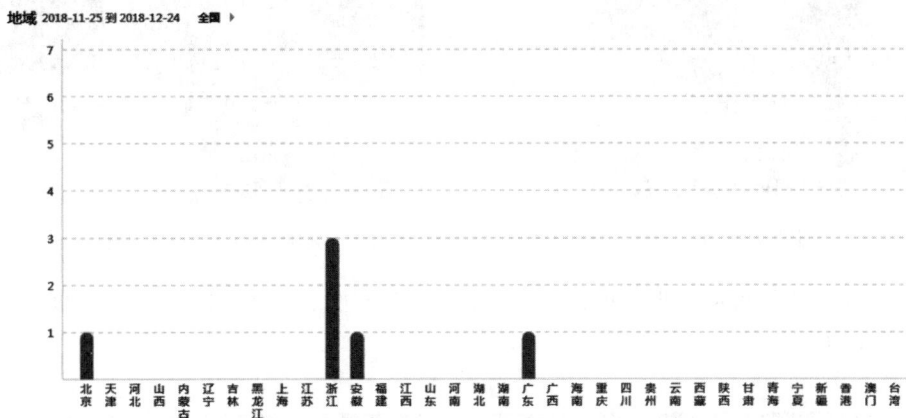

图 9-7　360 趋势地域分布

四、商品拍摄与美化

商品拍摄与美化是指通过图片展现商品的特性、规格、包装等特点,让用户了解商品详情的同时,激发用户的购买欲望。

(一)明确电商创业平台图片的拍摄要求

"博星卓越"网上创业平台对图片的大小和像素要求如下:

(1)网店店招图片建议尺寸为 103 像素×103 像素,格式为 JPG 或 PNG。

(2)在设置商品基本信息时,商品图片建议尺寸为 300 像素×300 像素。

(3)在设置商品相册时,商品图片建议尺寸为 640 像素×642 像素。

(二)实施拍摄

了解了平台对图片大小和像素的要求后,就要着手图片的拍摄工作。考虑到成像效果,这里直接选用单反相机进行拍摄。

在场景的设置上,考虑到红糖麻花的食用属性,布置成暖色调且具有生活化的场景;在光线的选择上,为了表现出麻花诱人可口的质感,其表面一定要形成高光带。通过光带和非光带部分的对比,体现出红糖麻花的酥脆属性。

在主图的拍摄中,注意展现商品全貌,并与目标用户的使用场景相切合,营造出温馨的生活感,如图 9-8 所示。

在拍摄图文说明部分的商品图片时,考虑到商品以 1000 克罐装出售,所以要对包装进行展示,如图 9-9 所示。

图 9-8　商品主图

图 9-9　商品包装图

在拍摄其他商品说明图时,可从生产图、食用细节图、其他小包装图多角度展现,如图 9-10～图 9-13 所示。

图 9-10　商品生产图

图 9-11　商品细节图

图 9-12　商品食用图

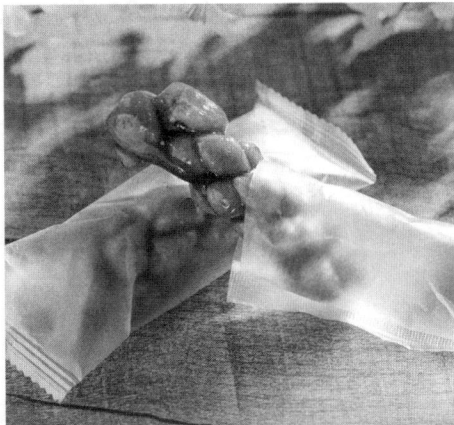

图 9-13　商品包装图

(三)图片美化

商品图片拍摄完成后,接下来就要着手图片的美化工作,这里我们以完善商品基本信息时所需上传的商品图片为例进行演示。

完善商品基本信息时,商品图片大小要求 300 像素×300 像素,此外,需要考虑比例的协调,要凸显商品的特性和细节,展示正面实物图,避免出现图片留白、拼接、水印,不得包含促销、夸大描述等文字说明。

(1)首先,打开 Photoshop 软件,打开要美化的图片,如图 9-14 所示。

图 9-14　打开图片页面

(2)执行"图像"→"图像大小"命令,即可查看图片的大小,如图 9-15 所示。

(3)根据网店开设平台要求,设定图片像素大小为 300 像素×300 像素,如图 9-16 所示。

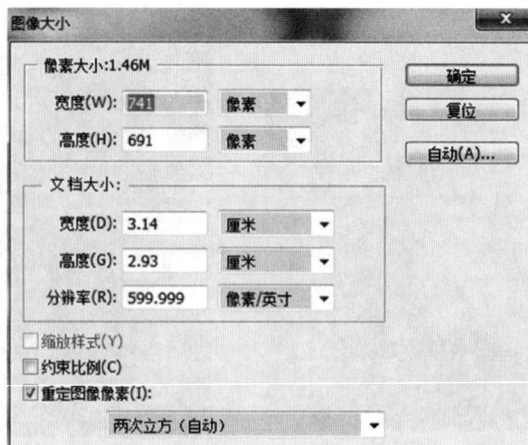

图 9-15　查看图片大小页面

图 9-16　修改图片大小页面

（4）执行"图像"→"调整"→"色彩平衡"命令，用于调整图片整体色彩平衡。若图片有明显的偏色可用此命令纠正，其中"色调平衡"用于选择需要进行调整的色彩范围，选中某一项就可对相应色调的像素进行调整，如图 9-17 所示。

图 9-17　修改图片色彩页面

（5）调整出想要的图片大小及色彩后，点击保存。

任务二　网店开设与商品管理

一、网店开设

网店开设工作包括网店名称设计、网店店标设计、网店开通设置等三部分内容。

(一)网店名称设计

我们所开设店铺的主营商品是义乌红糖麻花,属于休闲零食类,考虑到红糖麻花以小麦为主要原料,融合红糖的香甜,且以手工制作,既切合现在年轻人追求绿色健康原生态的生活理念,又仿佛能够唤起童年的甜美记忆,所以将网店命名为"寻味工房食品专营店"。

(二)网店店标设计

首先,网店店标设计应简约且容易识别,用户容易把网店店标和其他网店区分开来;其次,店标的设计要针对目标市场人群;最后,店标的颜色搭配要符合网店的主营项目或商品特征。通过利用 Photoshop 软件,店标制作的成品如图 9-18 所示。

图 9-18　网店店标

(三)网店开通设置

网店开通前期准备工作已经完成,接下来进行网店开通设置。

(1)用 PC 端浏览器打开网店创业平台,使用注册好的账户名称、密码登录系统后台。

(2)点击系统管理下方的"网站设置",进入网店设置页面,如图 9-19 所示。

(3)在店铺设置页面按要求上传商家店标、Banner 等,并进一步完善所要求的其他信息,点击"确定",即可完成店铺信息设置。

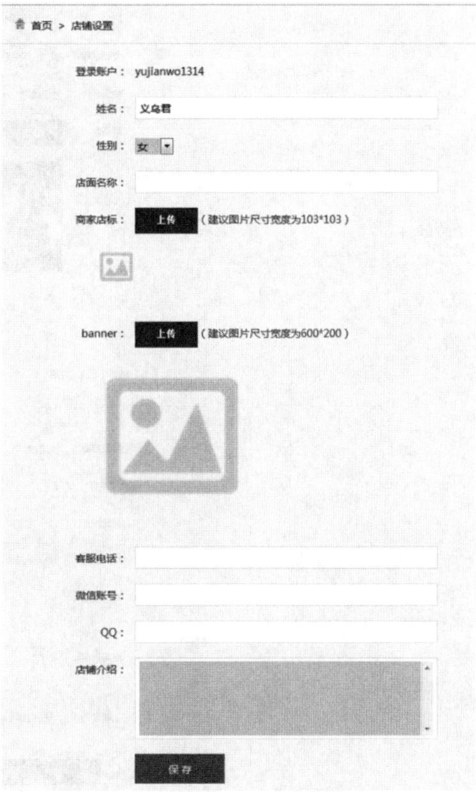

二、商品管理

(一)创建商品

(1)在平台左侧导航栏中点击"商品管理"→"创建商品",进入创建商品基本信息页面,如图 9-20 所示。

(2)按照要求分别完善商品各项信息,如图 9-21 所示。

图 9-19　店铺信息设置

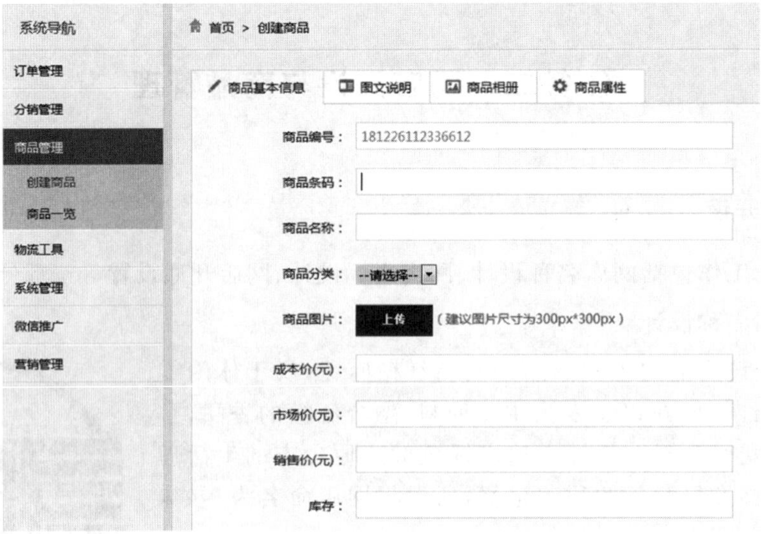

图 9-20 “博星卓越”网上创业平台创建商品页面

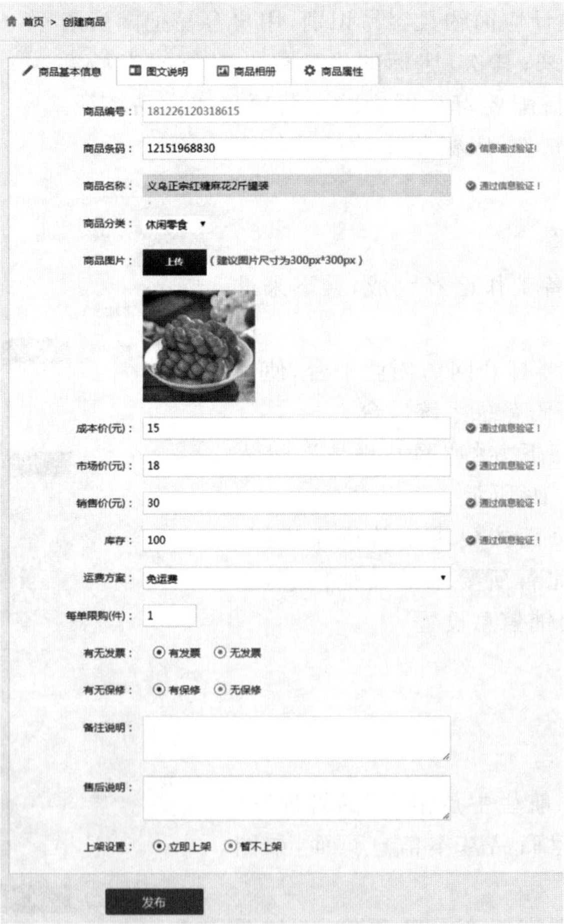

图 9-21 “博星卓越”网上创业平台商品信息完善页面

（3）在商品基本信息页面点击图文说明标签，添加必要的商品说明图文，如图 9-22 所示。

（4）在商品基本信息页面点击商品相册标签，按照要求尺寸上传多张商品图片，并完善商品属性，如图 9-23、图 9-24 所示。

（5）商品基本信息、图文说明、商品相册、商品属性添加完成后，点击"发布"，商品发布成功，如图 9-25 所示。

（二）商品下架

在商品一览页面点击某一个商品操作中的"下架"，如图 9-26 所示，点击"确定"，下架成功，点击"取消"，取消下架。商品上架与商品下架操作一致。

图 9-22　商品图文说明页面

图 9-23　商品相册页面

图 9-24　商品属性页面

图 9-25　商品发布成功页面

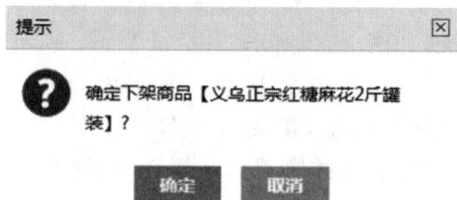

图 9-26　商品下架操作页面

（三）批量管理

在商品一览页面可以对商品进行批量上架、下架及删除操作，如图 9-27 所示。

图 9-27　商品批量管理操作页面

任务三　网店营销推广

网店已经开通并成功上架商品，接下来需要完成网店的营销推广工作。该网店创业平台可与微信完美对接、融合，方便微信营销推广，如图 9-28 所示。

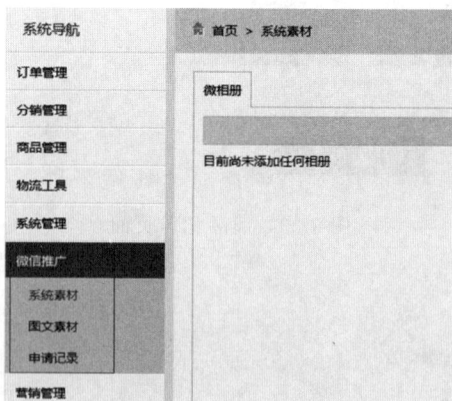

图 9-28　微信推广

用申请的微信公众号接入平台，就可以着手推广内容的策划了。我们进行微信推广的目的很明确，就是进行商品营销并引流至网店，因此需要展示有吸引力的内容，吸引用户关注。

一、内容策划

因为是新店开张,所以策划让利促销活动,吸引用户下单很有必要。近年来,"520"这个本来普通的日子,因其谐音类似"我爱你",在互联网的推波助澜下,已经被称为"表白节",每逢此日,都会掀起一轮营销狂欢。"红糖麻花"的消费群体主要集中在25~34岁的女性,对此类节日更为敏感,再加上"红糖麻花"甜蜜的商品属性,很适合在这个节日策划促销活动。

综上,网店计划推出"满100-30"的促销活动,文章标题命名为"520,对自己甜蜜表白",文章以文艺小清新语言风格为主,并在公众号文章下方附上商品链接。

二、内容编辑

(1)进入微信推广页面,点击系统素材,添加商品素材相册,如图9-29、图9-30所示。

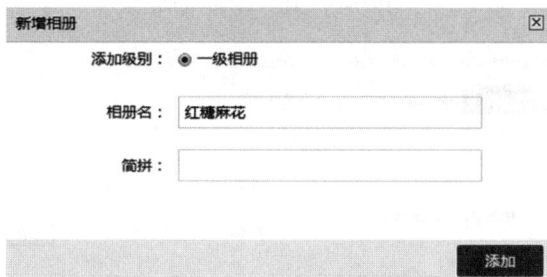

图9-29　新增相册

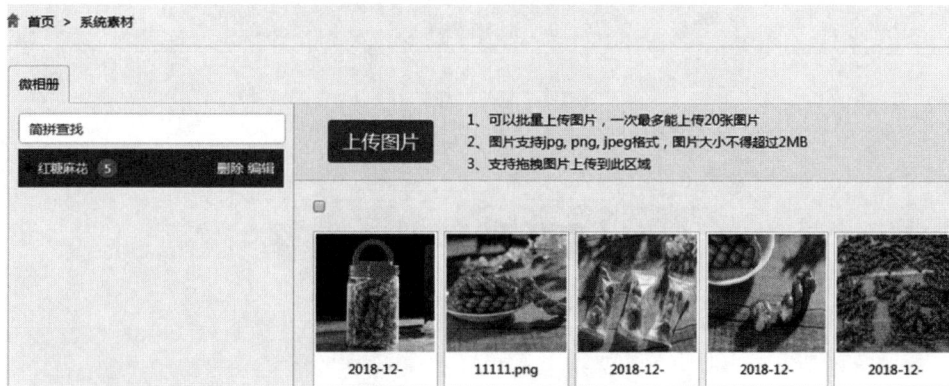

图9-30　上传商品图片

(2)进入图文素材页面,点击"新建图文",进入图文编辑页面,按照策划的内容填写并上传素材,点击"预览",确认无误后保存素材,如图9-31所示。

三、内容发布

查看已保存的素材,点击"申请推广",并进行确认,如图9-32、图9-33所示。

系统审核通过后,订阅微信公众号的用户就可以看到推广信息,并鼓励用户积极转发,扩大传播范围,提高网店成交率。

图 9-31　图文编辑页面

图 9-32　申请推广页面

图 9-33　确认申请页面

任务四　网店管理

网店管理主要从订单管理、物流管理、客户管理这三方面展开讲解。

一、订单管理

(一)查看订单

登录网店账号,点击"订单管理"页面,如图 9-34 所示。

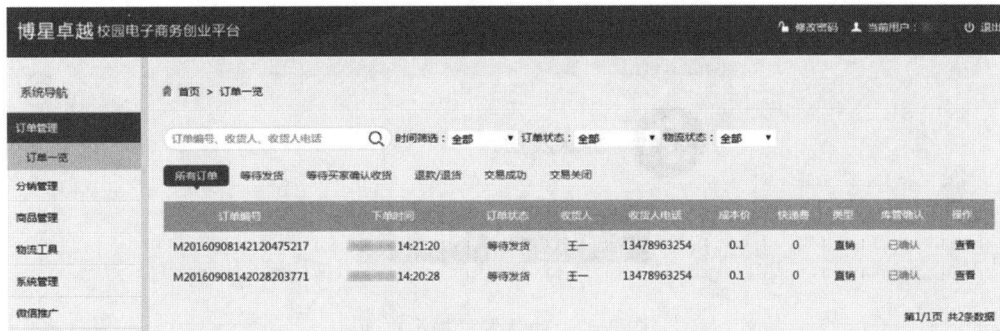

图 9-34　订单管理页面

(二)搜索订单

如果个别订单需要修改信息,在订单一览页面搜索框中输入订单编号、收货人、收货人电话,点击搜索,显示搜索结果。

此外,批量处理订单,可选择点击查询等待发货、等待用户付款、等待用户确认收货、退款/退货、交易成功、交易关闭等分别查询相应状态的所有订单,如图 9-35 所示。

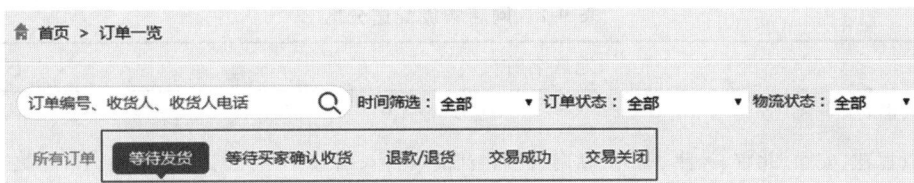

图 9-35　搜索订单

(三)订单发货

在订单一览页面中点击订单状态为等待发货且已经确认的订单进行查看,点击订单详情页面右上角的"发货"按钮,页面出现选择快递公司和确认发货按钮,如图 9-36 所示。

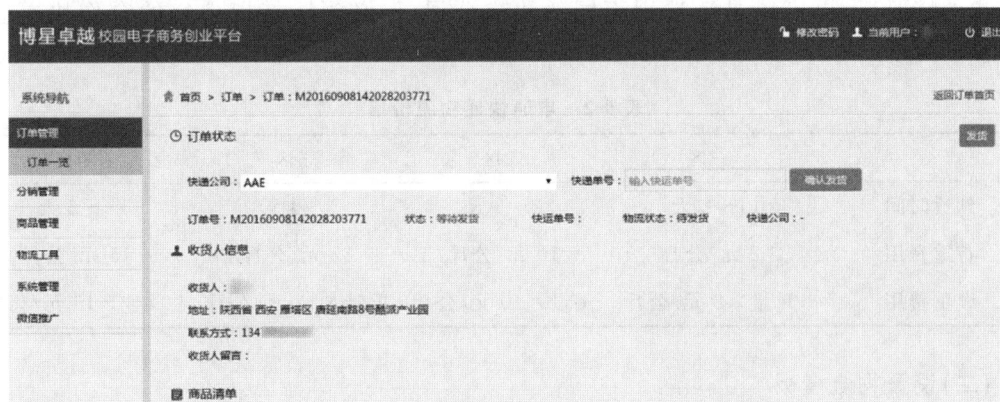

图 9-36　发货页面

选择快递公司,在快递单号提示框中输入快递单号,点击确认发货,页面提示是否确认发货的信息,如图 9-37 所示。点击"确定",发货成功。

图 9-37　确认发货提示页面

二、物流管理

（一）选择合适的物流公司并确定快递费用

在选择快递公司之前，首先要注意地区的概念，网店物流配送应划分不同区域，如表9-1所示，对每个区域的运费进行不同的定价，而定价范围可以与选定的物流公司进行协商后确定。

表 9-1　网店物流配送分区

地区名称	区域
江苏、浙江、上海	一区
广东、福建、安徽、北京、天津、湖北、湖南、江西、河北、河南、山东	二区
四川、贵州、海南、陕西、云南、山西、重庆、黑龙江、甘肃、辽宁、吉林、广西、宁夏	三区
内蒙古、西藏、青海、新疆	四区

考虑到"三通一达"等快递公司各自的优势，这里选择所在地域快递价格比较合适的申通快递。申通快递对于不同区域制定了不同的物流费用，如表9-2所示。此外，在客户有特别需求的情况下，也可以灵活选用不同的快递公司，但必须坚持以选定的合作快递公司为主。

表 9-2　申通快递物流价格

	一区	二区	三区	四区
到货时间	1~2 天	2~3 天	3~4 天	4~5 天
首重费用	8 元/公斤	10 元/公斤	12 元/公斤	15 元/公斤
续重费用	重量×8 元/公斤	重量×10 元/公斤	重量×12 元/公斤	重量×18 元/公斤

（二）设置物流模板

（1）在平台系统导航中点击"物流工具"→"运费方案"，进入添加运费方案页面，如图9-38所示。

（2）在运费方案页面依次填写方案名称、概要说明、商品地址，选择区域限售为"不限售"。点击"给指定区域设置邮费"，可以对指定的地区设置邮费，如图9-39、图9-40所示。

图 9-38　物流工具页面

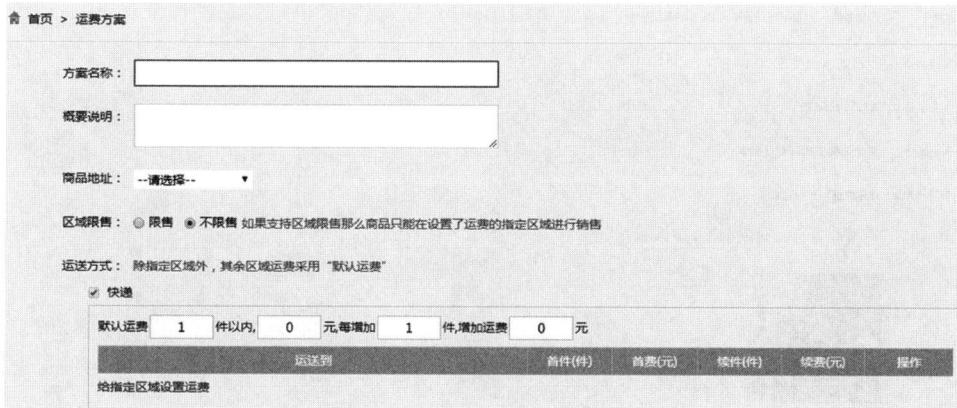

图 9-39　运费方案设定

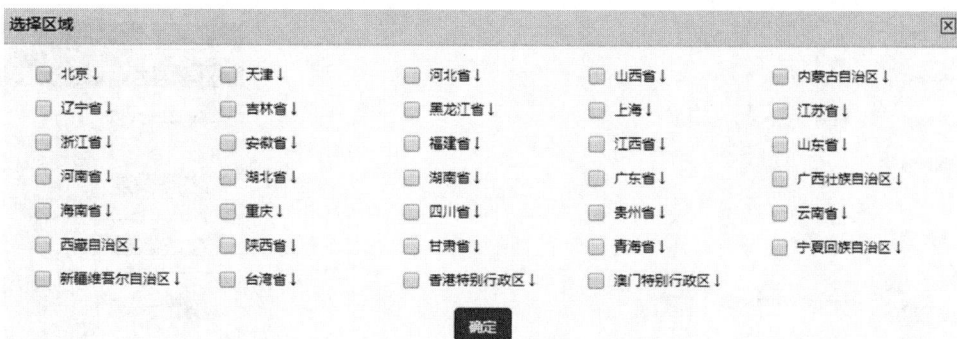

图 9-40　给指定区域设置运费

(三)将运费模板连接到商品

(1)进入平台"商品管理"→"商品一览"页面,在对应的商品后点击"修改",如图 9-41 所示。

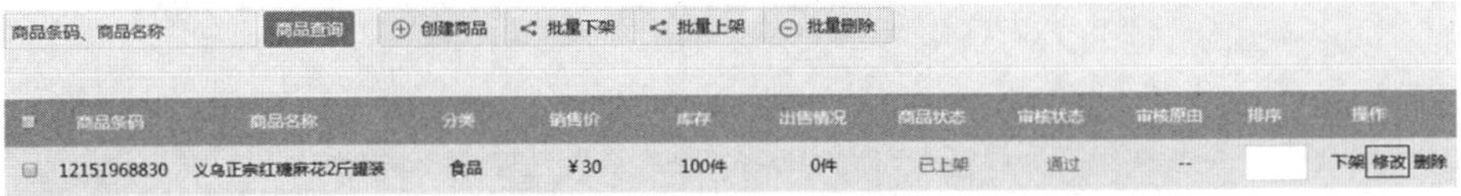

图 9-41　修改商品信息

(2)进入商品基本信息页面,修改运费方案为之前制定的方案,修改之后点击"发布"即可,如图 9-42 所示。

三、客户管理

在网店运营管理过程中,与客户建立良好的关系是很有必要的。网店创业平台提供了在线客服服务,如图 9-43 所示。

图 9-42　修改运费方案

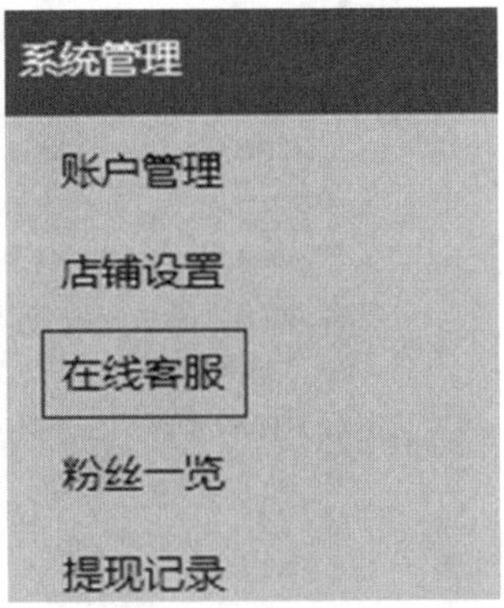

图 9-43　在线客服页面

（一）做好售前、售后工作

售前、售后工作的重要性不言而喻。售前客服岗位的主要工作内容包括接待用户、销售商品、解决用户问题、后台操作、用户信息收集以及用户问题的收集与反馈六个方面。售前客服可帮助并引导用户购买网店内的商品，并解答用户疑问。

售后问题处理是售后客服人员主要的工作内容，一般售后客服人员在工作时都会遵循一套体系，按照一定的步骤解决售后问题，从而提升售后服务效率及正确率。

售后客服以沟通方式了解用户诉求的过程中，首先，需要注意保持服务过程中情绪的稳定，一般而言在售后过程中，难免会遇到情绪比较激动的用户，在面对这样的用户时需要客服人员保持自身情绪的稳定，同时安抚引导用户，将问题阐述清楚；其次，提练问题的核心并将问题重复给用户进行确认，在与用户沟通的过程中，用户难免会将问题叙述得过于冗长，因此需要售后客服人员抓住重点，提练问题的本质并将提练的结果与用户核实；最后，处理退款和退换货，这类售后问题是最为常见的售后问题，当售后遇到该类问题时一般需要遵循了解原因、细节确认、操作执行三个流程。

（二）做好客户关怀

客户是网店最为重要的资源，客户不仅可以给网店带来销量的增长，还能帮助网店明确客户需求发展方向。因此，拉近网店与客户之间的距离，增加客户黏性防止客户流失，对于网店尤为重要。

客服工作人员在进行客户关怀前需要了解客户关怀的形式。常见的关怀形式往往是通过短信、邮件等沟通工具给客户发送关怀信息，关怀内容具体分为售后关怀、情感关怀、节日关怀、促销关怀四类。

（1）售后关怀。客服人员围绕售后问题对客户进行关怀，例如，询问客户是否收到物品、询问客户商品使用感受、询问客户有何质量问题等。

（2）情感关怀。客服人员围绕客户生活、工作方面的问题对客户进行关怀，常见的关怀方式有生日祝福、纪念日祝福、赠送小礼品等。需要注意的是，在进行情感关怀时不要过多涉及客户的私人生活及情感。

（3）节日关怀。客服人员在重要的节日对客户进行关怀，这类关怀一般以节日祝福的内容为主。

（4）促销关怀。客服人员围绕网店商品、网店促销活动对客户进行关怀，通常情况下促销关怀会以发送优惠券的方式进行。

【项目总结】

通过本项目的学习，读者对网店创业的前期准备工作、网店开设与商品管理、网店营销推广、网店管理等有一个系统的认知，并进一步了解实际操作过程中的思路和方法，为今后的创业积累经验。

【相关知识】

一、货源市场的选择

卖家首先选择货源市场，需要从整体水平、商品的全面评估、商品的利润空间三个方面对货源市场进行分析。

1. 货源市场的整体水平

货源市场的整体水平决定了能否为买卖双方提供一个良好的交易平台。一个好的货源市场的商品类目丰富、价格公正、市场的交易制度完善。

卖家通过对多个货源市场的整体水平作对比，排列出整体水平前 3 名的货源市场，选择一个整体水平最高的货源市场作为网店的进货主要渠道，其他两个货源市场作为网店进货的备用渠道。当主要渠道不能满足进货的需求时，可以从备用渠道进货。

2. 商品的全面评估

货源市场商品的品质决定了网店商品的定价和盈利。卖家在选择商品的时候，应该先对商品的价格、质量、类目等多方面进行评估。货源市场商品的价格决定了网店商品的定价，质量是网店的核心，类目多样可以满足不同消费群体的需求。

3. 商品的利润空间

利润是网店运营的基础。选择商品之前应充分考虑到该商品的利润空间。

二、RFM 分析

R(Recency)：指用户最近一次交易时间的间隔，可以反映用户的回购率。R 值等级越高，表示用户来购买的时间越接近。购买时间较近的用户，对网店和商品还有购买印象，再购买的倾向更高，此时网店对其进行推广时，可以得到比购买时间较远的用户更好的营销效果。

F(Frequency)：指用户在最近一段时间内交易的频度，是反映用户亲密度的一个指标。通过购买频度可以有效分析出用户的满意度和忠诚度。F 值越大，表示用户属于网店常客，反之则表示用户交易不够活跃，需要重新策划有效的推广方法。

M(Monetary)：指用户在最近一段时间内的累计购买金额，是反映用户忠诚度的一个指标。M 值越大，表示该用户购买力越高，可以制定专门的营销方法留住这部分客户。

RFM 分析是衡量用户价值和用户转化能力的重要工具和手段。该模型通过一个用户的近期购买行为、消费频率以及消费金额三项指标来描述该用户的价值状况。RFM 分析的主要作用是：衡量用户价值，识别优质用户，可以制定个性化的沟通和营销服务，为更多的营销决策提供有力支持，增加网店的利润空间。